新时代传媒创新书系

# 坚守、传承、创新

## 新时代主流媒体融合传播研究

许 强 著

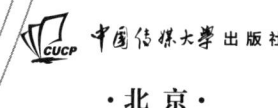

中国传媒大学出版社

·北京·

## 图书在版编目(CIP)数据

坚守、传承、创新:新时代主流媒体融合传播研究/许强著.--北京:中国传媒大学出版社,2021.12

(新时代传媒创新书系)

ISBN 978-7-5657-3157-0

Ⅰ.①坚… Ⅱ.①许… Ⅲ.①中央电视台－电视新闻－新闻工作－改革－研究 Ⅳ.①G229.2

中国版本图书馆 CIP 数据核字(2022)第 011213 号

坚守、传承、创新:新时代主流媒体融合传播研究
JIANSHOU、CHUANCHENG、CHUANGXIN:XINSHIDAI ZHULIU MEITI RONGHE CHUANBO YANJIU

| 著　　者 | 许　强 |
|---|---|
| 策划编辑 | 王雁来 |
| 责任编辑 | 王雁来 |
| 封面设计 | 风得信设计·阿东 |
| 责任印制 | 李志鹏 |

| 出版发行 | 中国传媒大学出版社 | | |
|---|---|---|---|
| 社　　址 | 北京市朝阳区定福庄东街1号 | 邮　编 | 100024 |
| 电　　话 | 010-65450528　65450532 | 传　真 | 65779405 |
| 网　　址 | http://cucp.cuc.edu.cn | | |
| 经　　销 | 全国新华书店 | | |
| 印　　刷 | 唐山玺诚印务有限公司 | | |
| 开　　本 | 710mm×1000mm　1/16 | | |
| 印　　张 | 12.75 | | |
| 字　　数 | 145 千字 | | |
| 版　　次 | 2021 年 12 月第 1 版 | | |
| 印　　次 | 2021 年 12 月第 1 次印刷 | | |
| 书　　号 | ISBN 978-7-5657-3157-0/G·3157 | 定　价 | 65.00 元 |

本社法律顾问:北京李伟斌律师事务所　郭建平
版权所有　翻印必究　印装错误　负责调换

# 立时代潮头　传大国强音(代序)

自20世纪末起,数字媒体和人工智能新技术的浪潮滚滚而来,应用于传媒行业的各个环节,深刻改变了媒体生存、发展、竞争的生态环境,促使全球传媒生态和传播格局发生了前所未有的重大变革。

回顾媒介发展史,不难发现,技术是媒介发展变革的第一驱动力,从古时狼烟四起传递信息,到两微一端让新闻实时可及,每一次新兴技术的出现,都在重塑媒体的内容生产方式,使信息传播的时空、结构、功能发生颠覆性的改变,推动媒介系统由低维空间向高维空间发展。万物互联、万物皆媒的时代正在到来。

信息技术革命带来的这一重大变革,折射着时代精神与社会记忆,改变着我们感知世界的方式。未来已来,顺应时代潮流,推动媒体融合,是媒体人的时代使命。

自2014年《关于推动传统媒体和新兴媒体融合发展的指导意见》提出后,媒体融合发展战略正式上升至国家层面。主流媒体坚守党的舆论阵地,纷纷走上融合转型的发展之路。

2019年1月25日,习近平总书记在讲话中强调,全面把握媒体融合发展的趋势和规律,推动媒体融合向纵深发展,并对主流媒体提出

期许:做大做强主流舆论,打造一批具有强大影响力、竞争力的新型主流媒体。在媒体融合的上半场,以中央广播电视总台为代表的中央级媒体凭借平台、技术、人才、资金等优势,率先推进媒体融合进程,并逐渐形成了线上线下联动的媒体融合矩阵,覆盖面不断扩大,传播力、影响力和公信力持续提升。

2020年9月26日,中共中央办公厅、国务院办公厅出台《关于加快推进媒体深度融合发展的意见》,提出"建立以内容建设为根本、先进技术为支撑、创新管理为保障的全媒体传播体系"。这意味着我国的媒体融合由前期的"+互联网"阶段、"互联网+"阶段发展到了"深度融合"的攻坚阶段。媒体融合是前所未有的崭新实践,越是到了向纵深挺进的关键时期,各种新情况新问题越是层出不穷、交织叠加。以中央广播电视总台为例,自成立以来,总台牢牢把握资源、技术、人才优势,并打通信息传播生态链,深入布局全媒体传播网络。但面对复杂多变的国际国内局势和媒体环境,总台在深度融合发展过程中,依然面临诸多挑战。

对此,中国的媒体人在实践中不断思考,主流媒体正走在一条披荆斩棘的融合之路上,在媒体融合的下半场该如何发力?作为中国电视新闻界的领军人物,中央广播电视总台资深媒体人许强认为,媒体融合是中国媒体的一场自我革命,守正创新,有"融"乃强。

作为一个从业30余年的"老电视人",许强始终坚守在电视新闻改革创新的最前沿。从创办央视的第一个直播新闻栏目《新闻30分》,到担任《东方时空》的总制片人,从启动央视主题报道"联播头条"工程,到推出《大国工匠》《重读抗战家书》等一批现象级作品,从20多次获得中国新闻奖到入选中宣部文化名家暨"四个一批"人才名单、获

## 立时代潮头　传大国强音(代序)

长江韬奋奖、享受国务院特殊津贴,许强坚持新闻舆论工作者的职责与使命,坚守央视新闻的专业定位,始终战斗在新闻一线,致力于提升主流媒体的传播力、影响力、公信力。

面对新媒体革命的浪潮,面对商业视频平台的强势竞争,"老电视人"也有过焦虑和迷惘。媒体融合,唯其艰难,方显其勇敢;唯其笃行,方显其珍贵。2013年,许强作为"央视新闻"新媒体项目的牵头人,提出"借船出海参与全面竞争、弯道超车实施重点突破,强化原创树立自有品牌、打造平台产品矩阵发展"的发展思路。几年来,通过拓展平台、升级产品、创新机制、优化流程,"央视新闻"新媒体形成微博、微信、微视频、客户端"三微一端"新矩阵,其品牌效应带来了多屏覆盖、集群发展的新格局,打造了一批现象级融媒体产品。

疫情的爆发使2020年成为不平凡的一年,当今世界正处于百年未有之大变局,国内外形势错综复杂。面对挑战,以总台为代表的主流媒体以创新表达弘扬主旋律报道,在新媒体平台焕发出勃勃生机。CTR(央视市场研究)媒体融合传播效果评估结果显示,中央广播电视总台、人民日报、新华社稳居融合传播效果榜单前三位。截至2020年底,中央广播电视总台、人民日报和新华社在新媒体渠道的累计粉丝量(不去重)均在十亿级以上。主流媒体不仅守住了传统渠道的主阵地,而且成功抢滩登陆互联网主战场,在新媒体渠道的传播力和影响力不断提升。

媒体融合发展是传媒领域一场重大而深刻的变革。作为这场伟大变革的探索者和亲历者,作为传统媒体与新媒体从"相加"到"相融"的锐利推手,许强深感有责任记录这段必将载入史册的历程,有必要将主流媒体面对机遇与挑战的融合实践沉淀下来。繁忙工作之余,他

思考不止,笔耕不辍,2019年底最终凝结成这一本沉甸甸的《坚守、传承、创新:新时代主流媒体融合传播研究》。

书中的九个问题,既有对传统主流媒体的深刻反思:何为传统媒体的变与不变?也有对主流媒体融合发展之路的创新性思考:主流媒体的立足点、发力点和创新路径何在?面对当下媒体亟须将媒体融合向纵深推进的现实,更是回答了主流媒体如何通过技术驱动建设新媒体平台,如何打造爆款融媒体产品和如何提升国际传播力等当前学界和业界都非常关心的问题。这本书聚焦于全媒体国家战略背景下媒体融合的历史、现状和问题,展现了主流电视媒体充满挑战和具有开拓意义的融合之路,凝结了央视新闻领军人的思考与实践,无疑对探寻我国主流媒体深度融合的路径和方略有着极强的应用价值和理论价值。

大风已起,时不我待。主流媒体在千帆竞发中劈波斩浪,在百舸争流中勇立潮头,迎来了融创未来的新起点。作为央视新闻的领军人,许强的实践与思考,有助于引领我国主流媒体在多元中立主导、多样中谋共识、多变中把方向,在全媒体舆论场上树立起主流舆论的"定海神针"。

于伟大时代,传大国强音;立改革潮头,打造一流全媒体。全球的媒体舞台上,中国声音必将更加嘹亮。

赵淑萍

中国传媒大学教授

电视学院学术委员会主任

# 目录 Contents

**第一章 何为主流媒体的变与不变 / 1**

第一节 新时代国家级主流媒体新格局 / 1

第二节 主流媒体的基本属性 / 6

第三节 主流媒体的价值坚守 / 12

第四节 主流媒体变革的必然 / 17

**第二章 主流媒体的核心优势是什么 / 24**

第一节 品牌价值 / 24

第二节 平台优势 / 32

第三节 公信力 / 38

**第三章 体制机制的突破能否在媒体内部完成 / 41**

第一节 体制机制:灵活高效 激发活力 / 41

第二节 人才队伍:战略明确 途径多元 / 48

第三节 经营理念:技术引领 多屏互动 / 53
第四节 盈利模式:打破僵局 多元创新 / 60

## 第四章 何为主流媒体的立足点、发力点与创新路径 / 67
第一节 新闻舆论工作:构建现代传播新格局的立足点 / 68
第二节 突发事件报道:主流媒体新闻改革重要发力点 / 75
第三节 重大新闻事件融合直播:建设新型主流媒体发力点 / 82
第四节 话题传播:新媒体时代主流媒体创新路径 / 87

## 第五章 主流媒体如何实现新技术驱动 / 92
第一节 深化"5G+4K+AI"的战略布局 / 92
第二节 跨屏传播构筑媒体新生态 / 101
第三节 开发大数据:数据辅助转为数据驱动 / 105

## 第六章 主流媒体如何建设自有新媒体平台 / 109
第一节 互联网技术升级与媒体时代变革 / 109
第二节 主流媒体自有新媒体平台的媒介生态特征 / 114
第三节 主流媒体建设自有新媒体平台的路径探索 / 120

## 第七章 如何打造现象级爆款产品 / 135
第一节 策划与设计 / 136
第二节 内容与平台 / 141
第三节 传播与效果 / 151

## 第八章 主流媒体如何提升国际传播力 / 156

第一节 全力打造"四全媒体" / 157

第二节 努力讲好中国故事 / 161

第三节 大力提升国际影响力 / 166

第四节 不遗余力坚定文化自信 / 170

## 第九章 新型主流媒体的构建方略是什么 / 178

第一节 定义新型主流媒体 / 178

第二节 遵循"用户、盈利、样态"的发展规律 / 182

第三节 创新舆论引导的方式、方法与手段 / 188

第四节 强化国家平台的影响力 / 191

# 第一章　何为主流媒体的变与不变

## 第一节　新时代国家级主流媒体新格局

近年来,随着互联网技术进入发展动能转换期,全球媒介生态已成为深刻影响社会与人类发展的意义环境,并逐渐演变为政治生态和文化生态。[①] 习近平总书记多次强调:"没有网络安全就没有国家安全,过不了互联网这一关,就过不了长期执政这一关。"有报告显示,全球 GDP 的 22% 与数字经济密切相关,"数字经济为主导"的发展模式成为世界主要大国或地区提升自身在全球竞争力的重要选择。[②]

### 一、全球媒介生态与行业变革

传媒生态是传播参与者、内容、技术等多种传播要素聚集的充满

---

① 高伟,姜飞.全球传播生态发展报告(2018)[M].北京:社会科学文献出版社,2018:12.
② 高伟,姜飞.全球传播生态发展报告(2018)[M].北京:社会科学文献出版社,2018:14.

符号互动的意义环境。① 有学者认为,新兴技术在传播领域的运用,加速了全球传媒生态的新陈代谢。② 从广告营收数据来看,2016年至2021年,全球广告业营收的增长将持续减缓③,伴随着移动媒体的快速发展以及用户消费观念转换和消费水平的提升,全球传媒产业营收来源将逐渐从传统的广告收入转向付费内容或付费媒介产品。互联网广告成为全球广告业新的增长亮点,尤其是移动互联网广告发展势头迅猛,2016年全球移动互联网广告增长率为54%,至2021年将以每年平均17.2%的增速继续保持增长,收入达到969亿美元。④ 此外,在以新兴数字技术为基础的全球传播生态中,大数据、云计算、人工智能等有效融入信息传播系统,VR、AR、机器人生产等融入内容产品产制过程,新兴科技助推下的全球传媒行业必将呈现出前所未有之图景。

在数字技术的推动下,主流媒体的边界进一步拓展。《世界互联网发展报告2018》显示,至2018年1月,全球互联网用户数已经超过40亿,2019年全球互联网普及率将超过50%。⑤ 互联网技术的快速发展、智能终端的加速普及,使得大批传统媒体用户向新兴媒体和平台转移,网络空间成为全球媒介生态的重要组成部分,主流媒体的边界也从传统的报纸、杂志、通讯社、广播、电视等延伸到以互联网为信

---

① 邵培仁.媒介生态学:媒介作为绿色生态的研究[M].北京:中国传媒大学出版社,2008:46-48.
② 高伟,姜飞.全球传播生态发展报告(2018)[M].北京:社会科学文献出版社,2018:492.
③ 崔保国,杭敏,周逵.中国传媒产业发展报告(2018)[M].北京:社会科学文献出版社,2018:331.
④ 崔保国,杭敏,周逵.中国传媒产业发展报告(2018)[M].北京:社会科学文献出版社,2018:332.
⑤ 高伟,姜飞.全球传播生态发展报告(2018)[M].北京:社会科学文献出版社,2018:14.

息传播渠道的新兴媒体或网络平台。凭借长期发展中累积的话语优势、覆盖优势、资源优势,世界各国的主流媒体亦在互联网的大潮中探索新的转型方向和发展契机。媒介形态、内容产制模式、传播规律、影响及覆盖范围……主流媒体突破了原有概念范畴,在开放、多元的新媒体技术环境中,主流媒体的定义或将被重新书写。

在发展瓶颈、生存压力以及新媒体技术高速发展的形势下,传统主流媒体在全球新的传媒生态中主动求变,通过国家、技术、资本等力量探索新形态的发展路径。在传统媒体与新兴媒体频繁地进行业务、技术、内容、资本、人才等双向互动之时,全球传媒生态呈现出前所未有的融合之态,从传播技术、平台打造、产业再造、结构重组、法律法规等各个方面表现出对于传统媒体转型、新兴媒体加速发展的路径探索。① 习近平主席在致历届世界互联网大会的贺信中,多次强调构建网络空间命运共同体②,意在强化信息时代不同国家和地区的合作共享、互信共治,营造良好的国际网络发展空间和健康的全球传播生态。

## 二、我国媒体格局与发展方略

2017年中国传媒产业总规模达到18,966亿元,同比增长16.6%。从行业细分的市场收入的对比中可以看出:位列前三位的分别为移动内容及增值收入、网络广告收入、网络游戏收入;增长率保持在20%以上的分别为网络广告收入、移动内容及增值收入、网络游戏收入、电影行业收入,其中移动内容及增值收入规模最大,超过5000亿元,网络

---

① 高伟,姜飞.全球传播生态发展报告(2018)[M].北京:社会科学文献出版社,2018:52.
② 习近平向第五届世界互联网大会致贺信[EB/OL].(2018-11-07)[2019-07-29].http://www.wicwuzhen.cn/web18/news/mtbd/201811/t20181107_8683498.shtml.

广告收入增速最快,达到31.9%;广播电视行业收入规模位列第四位,但增长率仅为0.5%,位列倒数第二位,且2017年广播电视广告收入首次出现负增长;报刊行业收入的增长率位列倒数第一,呈现断崖式下滑,为－14.8%,报刊广告收入的跌幅超过30%;网络广告、网络游戏、网络视频成为推动我国传媒产业发展的三大主力,我国移动互联网广告市场规模占网络广告市场规模的69.2%,超过传统媒体广告市场总和,呈现出极大的发展潜力。①

当前,媒体用户已经向网络端、移动端转移。至2018年12月底,我国网民规模达到8.29亿,手机网民规模达到8.17亿。其中,即时通信、网络新闻、网络视频、短视频用户规模分别达到7.92亿、6.75亿、6.12亿、6.48亿。网民各年龄段人均手机App数量统计中,前三位为15—19岁59个、20—29岁45个、10—14岁44个,数量最少的60岁以上网民人均也达到28个。②习近平总书记曾多次强调:"人在哪儿,宣传思想工作的重点就在哪儿。"面对用户的大规模转移,传统媒体与新兴媒体的融合发展成为必然的选择。

2014年《关于推动传统媒体和新兴媒体融合发展的指导意见》发布,媒体融合上升为国家层面的重要战略。2018年3月,中央电视台、中央人民广播电台、中国国际广播电台合并,成立中央广播电视总台,同年8月,国家正式推动县级融媒体中心建设。传统媒体与新兴媒体在从"相加"到"相融"的媒体发展实践中,不断强化主流媒体的传播

---

① 崔保国,杭敏,周逵.中国传媒产业发展报告(2018)[M].北京:社会科学文献出版社,2018:23-25.
② CNNIC.第43次《中国互联网络发展状况统计报告》[EB/OL].(2019-02)[2019-07-26].http://www.cnnic.net.cn.

力、引导力、影响力和公信力,加快推进媒体融合进程以及国际传播能力建设,致力于在媒体融合纵深发展阶段打造顺应时代趋势和潮流的新型主流媒体。一方面,传统媒体主动融入新技术发展潮流,积极探索与搭载第三方平台,开展融合传播实践,进行自身内部的融媒体生产流程的搭建,同时在基础网络设施、终端设备方面逐渐向交互、智能化方向发展;另一方面,以百度、腾讯、阿里巴巴、字节跳动等为代表的互联网企业,凭借自身的技术、用户、数据、流量等优势进入媒体内容生产与传播领域,形成了全新的信息传播景观,以此重构了本土传媒产业生态。

### 三、主流媒体发展机遇与挑战

虽然广告经营乏力、融合探索步伐艰难,然而,以广播电视为代表的传统主流媒体无论在内容的产制能力、专业化程度方面,还是传播的引导力、公信力以及影响力等方面,依然占据信息传播的核心地位。2019年,中国广视索福瑞(CSM)发布的一项数据调查显示:用户并非完全抛弃了传统广电媒体,而是在实际的使用体验中,形成了差别化的媒体功能印象,在功能性的对比中,以广电机构为代表的传统媒体依然占据优势。调查显示,短视频用户中有71.5%的用户使用电视媒体,用户普遍认为,短视频更倾向于娱乐性、陪伴性、社交分享性、内容丰富性和及时性;而传统电视的优势则在于权威性、健康性、专业性、知识性以及制作精良。①

---

① CSM. 短视频用户价值研究报告 2018—2019[EB/OL].(2019-02)[2019-07-30].http://www.199it.com/archives/837824.html.

2018年中央电视台建台60周年之际,习近平总书记在贺信中对中央广播电视总台提出"统筹广播与电视、内宣与外宣、传统媒体与新兴媒体,加强国际传播能力建设,锐意改革创新,壮大主流舆论,努力打造具有强大引领力、传播力、影响力的国际一流新型主流媒体"①的明确要求。总台也在具体实践中,确定了融合创新,聚力打造精品力作;聚焦新技术,引领高质量发展;实现区域合作优势互补,提升总台传播力、引导力、影响力和公信力的发展思路。② 在坚持牢牢把握政治方向、舆论导向、价值取向的基础上,加快内容供给侧结构性改革、全媒体产品创新步伐,加速融合发展和总台的全面转型升级,全力拥抱国家对于主流媒体提升舆论引导能力、做大做强主流舆论的传统媒体转型与融合要求。在全球传媒生态重构和国内传媒格局加快演进的形势下,以报纸、杂志、广播、电视为依托的传统主流媒体开启了转型升级之路。国内主流媒体陆续开展两微一端建设、"中央厨房"建设、VR内容生产、4K高清播出、融媒体中心建设、智慧媒体转型等实践,推动传统媒体与新兴媒体加快融合步伐,实现再造新型主流媒体的发展目标。

## 第二节 主流媒体的基本属性

针对当前信息传播与舆论环境、媒体发展的总体趋势,主流媒

---

① 习近平致中央电视台建台暨新中国电视事业诞生60周年的贺信[EB/OL].(2018-09-26)[2019-07-30]. http://www.xinhuanet.com/politics/leaders/2018-09-26/c_1123485152.htm.

② 中央广播电视总台10月1日将全面改版[EB/OL].(2019-07-21)[2019-07-26].http://www.sohu.com/a/328393167_351788.

第一章　何为主流媒体的变与不变

如何不负使命,在巩固壮大主流思想舆论中起到关键作用?"守正创新"是必然选择。要做到这一点,既需要增强脚力、眼力、脑力、笔力,以专业精神和专业能力提升核心竞争力,又需要以开放的眼界打破思维定式和路径依赖。移动互联网时代的新媒体发展,既要顺应技术变革的大势,主动迎接5G时代的到来,让主力军上主战场,又要"不畏浮云遮望眼",守住根本,不忘初心。

2019年1月25日,习近平总书记在十九届中央政治局第十二次集体学习时提出"四全媒体"的概念,即全程媒体、全息媒体、全员媒体、全效媒体,"信息无处不在、无所不及、无人不用"①。"四全媒体"从概念到范畴,全面、深刻地总结了当下传播生态与媒体变迁的基本规律与趋势。新兴媒体的发展和崛起使传统主流媒体面临挑战,媒体融合正是党和国家在这一形势下对新闻宣传领域作出的最新部署。从我国媒体规制的发展看,改革开放以来主流媒体经历了一系列转型过程,业已形成集政治属性、市场属性、专业属性为一体的媒体制度。对主流媒体而言,一方面要认清当下的舆论环境新格局、新特征;另一方面要在坚守基本属性的立场上,积极探索舆论引导的新方法、新路径。

一、坚持主流意识形态与主流价值的引导地位,占领舆论高地

新闻媒体的政治属性不能动摇。新闻工作的喉舌性质,是马克思主义新闻观最核心的内容,也是最根本原则。新闻媒体应该认识到,媒体融合是党和国家应对新形势下舆论环境变迁作出的积极回应,只有坚持新闻媒体的喉舌地位,才能在我国的媒介发展和演进中保持先

---

① 习近平.加快推动媒体融合发展　构建全媒体传播格局[J].中国报业,2019(7):5-7.

进性。

"党媒姓党"是中国新型主流媒体立身的根本所在。在深耕国内市场的过程中,坚守国家媒体属性、传播主流声音、弘扬主流价值是其基本底线。中央广播电视总台作为党媒旗舰,应当在坚持正确政治方向的基础上,继续做好示范。自中央广播电视总台组建以来,央广网、国际在线、央视网三大网站在总台的全盘统筹、统一指挥下,迅速打通内容生产链条,实现议题共同策划、事件联合采访、基础素材共享,搭建了三网互通的资源池。

围绕新时期的发展环境,主流媒体要"坚持以习近平新时代中国特色社会主义思想为指导,进一步提高政治站位,增强'四个意识',坚定'四个自信',做到'两个维护',切实把思想和行动统一到党中央决策部署上来,把正确政治方向和舆论导向贯穿广告营销、版权开发、资本运营、安全播出等经营工作的各个环节"①。推进媒体融合建设、打造新型主流媒体,需要将总台各个平台长期积累的社会思想文化公共资源、社会治理大数据、政策制定权的制度优势转化为主流意识形态、主流价值、舆论引导等方面的综合优势,全面落实新形势下举旗帜、聚民心、育新人、兴文化、展形象的使命任务。

## 二、满足市场需求,打造生态链接力,盘活既有资源

从一般的收视规律看,新闻节目比其他大众节目如电视剧、综艺节目更容易到达社会上的中高端人群。新闻的社会影响力越大、收视

---

① 中央总台机构改革再进一步[EB/OL].(2019-07-20)[2019-07-30].http://www.sohu.com/a/328232479_613537.

率越高,就越受到广告商的青睐。尽管新闻部门并未在产制流程中进行市场化运作,但在客观上新闻生产者具有迎合观众以获得高收视率或高阅读率的市场追求。

生态链接力是主流媒体在迎接数字化、拥抱数字化的过程中,需着重提升的一种能力。媒体应积极通过跨界合作和产业联动等方式,与产业上下游、社会各界展开深入合作,在政务服务、媒体电商、版权开发、产业拓展等领域积极探索,打造新的产业模式,以此提升其生态链接力,加快建设新型主流媒体的步伐。

(一)打造传播生态链

打造新的传播生态链需要充分发挥媒体融合发展的整体优势。就目前来看,总台可继续坚持一体化的发展方向,加强内部资源整合,充分发挥技术资源对全媒体产业链的加成作用,推动媒体融合从"横向相加"到"纵深相融",以实现信息内容、技术应用、平台终端、人才队伍的共享融通。例如原"三台"在视频传播、音频传播和国际传播上各有专长,一方面应善用其长,通过符合平台及受众调性的差异化报道,全方位满足受众需求;另一方面亦要促进"三台"差异互补,逐步形成多样态产品矩阵品牌效应。

总台应在加强资源整合的努力下探索能打破"三台"壁垒,促进其协同创新发展、深度融合的新路径、新机制,推进其形成资源集约、结构合理、差异发展、协同高效的全媒体传播体系,努力创造出合作共赢的新局面。

(二)创新产业生态链

新的媒体生态环境下,传统广播电视行业的产业生态链已经不具有可持续性。广电行业面临的挑战之一就是如何重新聚合场景化的用户群,如何生成全媒体产业链,如何跨界布局全业态,从而扩大市场占有率,增强核心竞争力,提升传播力、引导力、影响力和公信力。

电信、媒体和科技三者的整合和融合是未来信息与传媒行业的发展趋势。顺势而为,构建后广播电视时代的全媒体生态,焕发主流媒体的生命力意味着从内容生产、传播到产业发展,都需要与商业媒体、通讯行业巨头跨界合作,如将中央广播电视总台的媒体优势与互联网新媒体巨头的平台、技术及创新优势相结合,着力提升总台的融媒体制作能力,充分激发全媒体融合阵地联动效应,打造全新的产业生态链,实现新型主流媒体的长远发展。

目前中央广播电视总台与 BAT、中国移动及新浪等的各项合作刚刚开始,未来当有更多的开放合作举措。中央广播电视总台广开合作,跨界布局,拥抱互联网巨头公司,符合行业发展规律,也符合媒体融合发展大势。在与多方合作中吸取经验、深化改革,完成生产、传播、营收方式的创新发展是总台打造全新产业生态链的重要举措。

(三)提升生态链接力

良好的媒体产业链对于打造健康的媒介生态和市场环境非常重要。因此总台除了与商业媒体合作外,更应探索与其他产业跨界合作,从"一业为主"向"多业经营"转变,利用总台现有媒体的优势资源进行相应的产业化延伸发展,借助其强大的品牌传播力、影响力和庞大的用户基数与其他产业跨界合作,实现多元营收促活新型主流媒体发展,提升生态链接力。

主流媒体应着力打造"入口+内容分发平台+渠道传播全平台+

云端"的全新传播生态。在这个过程中利用上游公司整合资本市场资源和内容资源;在下游整合电视网络资源和电视广告业务;跨界整合网络视频播出平台、电商平台,以期形成较为完整的产业链,提升主流媒体的生态链接力。通过持续发力,推进主流媒体融合的深入发展,促进其全新产业生态链的日益完善,加快其建成新型主流媒体的步伐。

### 三、强化公共属性,形成公共服务品牌,引领风尚,服务百姓

媒体转型以来的各方合力,为新闻媒体的公共性追求创造了条件。如果说政治、经济力量形塑新闻机构的外部属性,那么媒体公共性则由"宣传政策引导"和"新闻专业规范"共同决定。从"走转改""三贴近"到"不忘初心,牢记使命""新闻工作四力"等,党的新闻实践理念与媒体的公共性特征不谋而合。主流媒体不断转变新闻报道语态,通过"百姓故事""走基层"等新的话语方式呈现社会场景。主流媒体在原有的常规实践中创造非常规实践,并将新兴的非常规实践纳入常规实践中,从而在新的舆论环境中树立开放姿态,为媒体融合趋势下的舆论引导奠定基础。

落实"以人民为中心"的工作导向,主流媒体须坚持正确的舆论导向,传播优秀文化,服务基层百姓生活。中央广播电视总台已全力打造了一批艺术精湛、制作精良、形式创新的经典节目品牌,并在现有品牌基础上,拓宽传播渠道、创新传播形式,制作适应全媒体传播的品牌节目,多屏互动,打造"线上+线下"的品牌推广模式,传递社会正能量,引领社会风尚。

总台作为国内最重要的新闻舆论阵地,在依托强大品牌影响力进行市场化运作过程中,不仅注重经济价值,而且强调社会价值与社会责任,一方面推出主题公益广告,以温暖人心的精品力作弘扬社会主义核心价值观;另一方面则响应国家关于精准扶贫的重要指示,持续扩大"广告精准扶贫"及"国家重大工程公益传播"项目成果,助力更多贫困地区坚决打赢精准脱贫攻坚战。① 尤其是广告精准扶贫项目,通过二维码和网络推介,大屏和小屏联动发力,大屏打品牌打信誉,小屏打市场下订单,精准发力,相得益彰。②

在新旧媒体交融的生态环境中,媒介技术、管理规制和公众诉求的动态变化既带来挑战,同时也催生机遇。在大众媒介的发展进程中,旧的媒介形态都在交融与变迁中探寻新的模式和路径。主流媒体应努力加强传播力、公信力与影响力建设,以"四全媒体"为基本框架,以讲好中国故事、传播好中国声音为己任,这有助于打造新型主流媒体,快速推进媒体融合进程,积极探索并践行舆论引导的有效路径,在意识形态领域筑就民族复兴的中国梦。

## 第三节 主流媒体的价值坚守

在互联网快速发展的形势下,信息高速膨胀,主流媒体权威、安全、健康、可信等优势全面凸显,媒体价值的回归再次被呼唤,传统媒

---

① 中央广播电视总台启动广告精准扶贫及国家重大工程传播两大公益项目[EB/OL].(2018-10-27)[2019-07-30].https://baijiahao.baidu.com/s? id=1615436978458888041&wfr=spider&for=pc.
② 慎海雄在2018年世界互联网大会媒体变革与传播创新分论坛上发表致辞[EB/OL].(2018-11-08)[2019-08-02].http://www.sohu.com/a/274037519_115239.

体独有的优势在融合进程中被重新赋能。新形势下"提升主流媒体传播力、引导力、影响力和公信力"的表述,一方面明确了主流媒体在舆论引导和宣传思想工作中具有不可动摇的地位和不可推卸的责任,另一方面也为主流媒体在新形势下的发展进路指明了方向。

**一、坚持导向为王,区隔不同平台传播规律**

在自有平台的打造和运营过程中,总台提出"台网并重、先网后台、移动优先"的整体策略,可见,新兴媒体尤其是移动端平台的建设被提升到重要的战略地位。但新兴媒体依托互联网形成的观点市场和舆论空间具有极度不稳定性,意识形态乱象、不良价值观、流言与谣言传播的现象时有发生。在区隔各平台传播规律进行内容生产、部门协作的同时,还需要在新兴媒体运营各个环节中有效融合传统主流媒体在意识形态引导、舆论引导、主流价值观传播等方面的先进经验。

第一,总台在 5G 新媒体平台实验中,以大数据算法为依托,采用价值观引导和个性化推荐相结合的方式,在精准分发的同时传递价值导向;打通微信、微博、QQ 等用量较大的社交平台,抖音、快手等短视频平台,今日头条、小红书等资讯平台,京东、淘宝、唯品会等电商平台,得到、知乎等知识付费平台,扩大内容发布的覆盖面,①提升新型主流媒体在网络舆论空间的主流地位和引领作用。

第二,在传统媒体与新兴媒体深入融合过程中,还需要建好针对融合传播体系的信息检索与聚合、内容审核管理与发布、融合舆情分

---

① 黄鹂.从"借船出海"到"造船出海":中央广播电视总台短视频发展战略[J].新闻战线,2019(11):36-39.

析、融媒体广告审核与发布、融合传播效果与数据监测等功能性平台。在全面推进媒体融合发展、新型主流媒体建设的过程中,要坚持贯彻执行习近平总书记提出的"坚持导向为魂、移动为先、内容为王、创新为要,在体制机制、政策措施、流程管理、人才技术等方面加快融合步伐,建立融合传播矩阵,打造融合产品"①的发展思路。

## 二、助力内容创新,传播主流价值正能量

主流媒体既要发掘社会生活中具有正能量的新闻题材,又要借力新兴媒体平台,以新的话语方式传播社会主流价值。移动互联时代,视频网站、社交媒体与传统电视之间从技术的竞争发展到渠道的竞争,归根结底呈现出"内容"的竞争。正如习近平总书记强调的:"内容永远是根本,融合发展必须坚持内容为王,以内容优势赢得发展优势。"以中央广播电视总台为代表的主流媒体的核心竞争力依旧在于高口碑、精品化的原创内容。

首先,独家内容凸显媒体公信力。总台作为国家级主流媒体,具有独家和权威这些新兴媒体、商业媒体、地方媒体无法比拟的传播优势,例如对重大事件的独家直播,在时事新闻报道、体育赛事报道等专业领域强有力的话语权等。独家内容能借助总台的媒体平台实现传播价值的最大化,也是总台实现其引导力、影响力和公信力的重要优势。作为中央级媒体,总台应发挥带动广播电视媒体发展的旗舰作用,把准方向、把好导向,引导社会热点,加强国际传播能力建设,守护好准确、权威、专业的"金字招牌",以独家、原创为目标,向世界讲好中

---

① 习近平.加快推动媒体融合发展 构建全媒体传播格局[J].中国报业,2019(7):5-7.

第一章 何为主流媒体的变与不变

国故事。

其次,原创高品质节目样本引发全民话题。坚持原创既是出路也是使命。主流媒体要有宏观视野,从博大精深、兼容并蓄的文化海洋中挖掘原创性题材,研发原创节目模式,增强文化软实力。近年来,一大批原创综艺节目如《中国诗词大会》《国家宝藏》《朗读者》等先后深耕中国的诗词文化、文物文化、家风文化,用新颖的内容、创新的形式向世界发出"中国声音",彰显出充分的文化自信,具有很高的主流审美价值。

最后,新技术助力节目内容创新。随着 VR 技术、全息投影技术、直播技术的广泛应用,电视节目内容的外延进一步拓展。一方面,高科技的应用使得内容产品的呈现方式更为丰富和多元,给电视观众带来全新的视听享受;另一方面,随着电视节目生产方式的纵深发展,一大批新技术从幕后走向台前,从小众走向大众,一跃成为电视节目的内容主体,技术不仅是手段也是节目内容。其中以中央广播电视总台的《机智过人》为代表,该节目不仅给电视观众带来全新的视听体验,而且开创了科技类电视综艺节目新范式。

### 三、坚守主流权威,抢占热点事件舆论先机

陈力丹在《舆论学》一书中曾总结:面对情绪型舆论时,媒体要保持冷静与理智;引导信息性舆论时,要以准确的信息对模糊的信息。面对突发事件,主流媒体的报道重点在于服务公共利益、引导公众舆论。例如,2008 年汶川地震发生后,央视播出《众志成城 抗震救灾》节目,综合利用广播、电视、互联网平台,连续进行了 200 多个小时的媒

体互动,搭建了一个全民救灾的公共利益服务平台。可见,在热点事件特别是突发事件发生时,应调动主流媒体平台率先发布消息,同时主动设置议程,抢占舆论先机。

**四、加强话题引领,自有平台发声舆论引导**

新形势下舆论引导的首要困境来自相对无序的个人表达和缺乏理性的公众舆论。面对媒介社会中纷乱的信息,用户缺乏全面的甄别和判断能力。在传统媒体的新闻实践中,报刊、广播电视用"特约评论员"的方式进行舆论引导,推出了杨禹、宋晓军、阮宗泽等家喻户晓的新闻评论员。随着媒体融合环境下舆论引导要求的提高,主流媒体应提升话题引领能力,并利用平台建设和新媒体矩阵扩散传播、合作发布,积极拓展新渠道、建设新平台,结合各媒体平台优势,打造新的媒体品牌,引导网民在微博、微信等新媒体平台上理性参与和交往。新型主流媒体应实现从单项信息流到双向互动信息流、从影响断层到广泛联合的高效转变,有效引领舆论向正确的方向发展。

**五、优先社会效益,打造公共传播服务综合体**

中央广播电视总台自成立以来,高举公益传播旗帜,始终把社会效益放在首位,引领广播电视宣传导向。近年来总台持续加大公益传播投入。2018年,总台围绕中华优秀传统文化、生态文明建设、纪念改革开放40周年等重大主题,共制作播出45条公益广告,大力弘扬社会主义核心价值观,广受赞誉,深入人心,已逐渐形成公益广告品牌传播优势。

第一,在抓好日常公益广告制播工作的同时,"CCTV 国家品牌计划"下设的"广告精准扶贫"项目和"国家重大工程公益传播"项目在总台新平台上得到空前强化,以品牌传播撬动地方产业发展,助力更多贫困地区打赢精准脱贫攻坚战。该项目聚焦我国重点领域取得的重大成就和最新成果,塑造、传播大国重器的品牌形象。公益广告的感召力持续放大,直接参与国家发展战略。

第二,总台对准时代焦点、报道社会热点、回应民众痛点,在信息传播、社会教育、文化娱乐、民生服务等方面功能突出,是全国公众获取信息的重要渠道。总台注重服务民生,提供实用高效的信息服务,在全媒体平台发布民生资讯类新闻,在春节、国庆等节假日期间进行民俗、美食、交通服务资讯等多类直播,为民众提供假日交通出行、天气预报、旅游景点情况等信息,解决民众的实际问题;积极维护消费者权益,对虚假诈骗信息和现象等进行曝光,促进社会公平正义,其中"3·15"晚会是最具影响力的节目之一,连续播出 29 年来一直受到社会的高度关注,极具公信力;坚持重大科技成就宣传和科普宣传相结合,借助新闻报道、综艺节目等努力普及科学知识,倡导科学文明生活方式;坚持普法宣传与服务导向,弘扬法治理念,相关政法报道凸显专业性和国家媒体权威性,专题报道具备普法宣传的贴近性和感染力。

## 第四节 主流媒体变革的必然

主流媒体的融合发展关系到党的舆论主导权和话语权,也关系到媒体的生存与发展。2019 年 1 月 25 日,习近平总书记在中共中央政治局第十二次集体学习时强调,"推动媒体融合发展,要坚持一体化发展方向,通过流程优化、平台再造,实现各种媒介资源、生产要素有效整合,实现信息内容、技术应用、平台终端、管理手段共融互通,催化融合质变,放大一体效能,打造一批具有强大影响力、竞争力的新型主流媒体"。

当前,移动互联网的飞速发展使传统媒体的生存与发展面临严峻考验,媒体融合是新闻宣传战线一场前所未有的自我革命。舆论传播的载体、渠道、方式正在发生深刻变革,以5G商用为标志,媒体融合发展步入新阶段,全媒体、融媒体、智媒体的发展脉络日渐清晰。习近平总书记强调:"推动媒体融合发展、建设全媒体成为我们面临的一项紧迫课题。"因此,主流媒体加速变革,势在必行。

## 一、媒介融合浪潮下,传媒生态的解构与重构

在数字化浪潮席卷全球的今天,传播技术驱动媒体格局、舆论生态发生深刻变化,主流媒体在宣传思想和舆论引导中"领头羊"的地位不断受到挑战。2009年新浪微博横空出世,表现出旺盛的生命力。同年,微信的发布更是让自媒体阵营大幅度扩充。《新媒体蓝皮书:中国新媒体发展报告》显示,2018年我国移动互联网接入流量消费达246亿GB,比上年增长162.7%。2018年春节,微信全球月活跃用户数首次突破10亿大关,新浪微博月活跃用户增至3.92亿。新型媒体正成为舆论传播的重要平台,极大地改变了舆论生成、舆论表达和舆论引导的舆论格局。

如何在新形势下建设新型主流媒体,提升自身影响力、竞争力,成

## 第一章 何为主流媒体的变与不变

为当前主流媒体必须探索的求变法则。面对全方位、深层次的挑战,一方面,党和国家需要传统主流媒体坚守意识形态舆论阵地,巩固宣传社会主义思想文化;另一方面,传统主流媒体对自身的生存和发展也有着强烈的内在诉求,推进传统主流媒体转型已经迫在眉睫。

### 二、新兴媒体业态冲击下,主流媒体的现实困境

(一)新闻生产主体泛化,新闻把关主体缺失

在网络技术的支撑下,社会化媒体的公众话语权被放大,从而引发新闻生产主体泛化,越来越多的人参与到新闻内容的生产过程中去。然而,与其相匹配的生产制约规范却没有得到相应的完善及扩展。传统新闻生产流程中的记者编辑的把关在这里处于缺场状态,主流媒体话语权被下放,传播力降低,社会化媒体中大多数新闻生产主体的专业意识薄弱。技术与平台型媒体相结合,重构了公民新闻中的内容把关逻辑,公民新闻领域极易成为滋生失范言行的真空地带。

在互联网平台,传统的"受众"转换为"产消者"(prosumer),普通大众可以通过社交媒体、短视频平台、在线电台等发声,尤其在突发事件的信息传播方面,各种新闻聚合平台、社交平台提供了更加及时迅速的信息、更丰富多元的观察视角。然而,互联网平台的内容生产与传播鱼龙混杂、真真假假,无法保证信源质量和信息的可靠性,不实言论,甚至是谣言在其中不断滋生与蔓延。

(二)主流媒体入驻社交平台谋发展,受众大量流失

社交媒体正在逐渐成为人们主要的信息来源之一,而传统专业媒

体机构则逐渐被收编为强势渠道的内容供应商,走向依附渠道生存的边缘化境地。大量受众流失、影响力降低的同时,主流媒体的版权、赢利模式都受到冲击。

主流媒体要把握国际传播领域移动化、社交化、可视化的趋势。当今媒体总体发展态势是信息入口移动化、内容传播社交化、新闻产品视频化、机构媒体平台化。① 总台在建设"四全媒体"、打造自有平台的过程中,需要紧跟国际信息传播趋势,使内容的生产与传播能够融入国际传播潮流,既要充满正能量、唱响主旋律,又要贴近用户口味、使用习惯,展现真实、立体、全面的中国。正如习近平总书记所说:"主流媒体要敢于引导、善于疏导,原则问题要旗帜鲜明、立场坚定,一点都不能含糊。"② 有效把握移动化、社交化、可视化的传播规律是基础。目前,总台在 Facebook、YouTube、Twitter、Instagram 等海外主流互联网平台建立并运营了 CCTV 系列、熊猫频道系列共计 31 个账号。

(三)媒体片面追逐传播力,新闻价值坐标发生偏移

当前的新闻界存在着大量"标题党"、博眼球、断章取义等导致的新闻失真现象,这类所谓"创意"新闻更具轰动效果,然而极易偏离新闻的基本原则。某晚报刊登的一则《北大新闻系才女回乡创业送快递,可扛百斤快件》的新闻在网络上被大量转发,其本意是宣传某快递公司经理徐璐北大毕业后返乡送快递,建设家乡。但人们关注的焦点却落在了"北大才女送快递是否应该"上。最后,这篇文章不仅没有成功引导舆论,反而成为舆论打假的焦点。在"人人都有麦克风"、网络

---

① 高伟,姜飞.全球传播生态发展报告(2018)[M].北京:社会科学文献出版社,2018:71.
② 习近平.加快推动媒体融合发展 构建全媒体传播格局[J].中国报业,2019(7):5-7.

文化泛娱乐化的情境下,媒体片面追逐传播力使得新闻价值要素向"趣味性""显著性"倾斜,极易带来价值坐标的偏移。

在这方面,传统的新闻媒体做得更好。[①] 2019 年主流媒体进一步关注用户的信任度,加强与假新闻和错误报道的斗争,越来越多的"数字排毒"工具出现,用户也将逐渐远离快速肤浅的跟风报道,更加关注"有意义的内容"[②]。这为传统主流媒体提供了全新的发展空间和机遇。一则,主流媒体应该正确认识基于互联网和移动互联网的网络媒体应用平台正在重构的新的传播生态。二则,主流媒体需要顺应传播生态的调整和新的传播规律,充分利用新技术的优势和新平台的影响力,以长期积累的内容、用户、专业化产制流程等优势,顺势而为,守住主流媒体的传统优势。未来,在人工智能、大数据应用、智能媒体建设等方面,主流媒体还将面临更多的挑战,在传统主流媒体固有体制机制方面的创新与突破,也将成为打造新型主流媒体的关键影响因素。

(四)传统新闻伦理标准消弭,新闻反转与后真相频发

科学技术的高速发展为新闻业带来的是更快的采编与分发速度,传播从及时性到即时性的转变使得一些新闻媒体盲目追求报道速度,忽略了对新闻事实的核查把关,新闻真实性让步于时效性的反转事件屡见不鲜。如在重庆公交车坠江事件中,某国家级报刊、某大型网络平台在消息未具体核实之前便纷纷发稿指责与公交车相撞的女司机,而随后的新闻反转让其纷纷被打脸,媒体公信力大打折扣。在新闻情

---

① 2017 年网络数字新闻报告[EB/OL].(2017-07-05)[2019-07-29].http://www.199it.com/archives/607147.html.
② 36 氪.路透报告:2019 年新闻、媒体与技术趋势和预测[EB/OL].(2019-01-22)[2019-07-29].https://36kr.com/p/5173469.

绪化的传播中,人们倾向于积极"站队",进行"标签"话题讨论,至于新闻本身的真实性与客观性却无人问津。新闻把关逻辑的重塑也在一定程度上消弭了公民新闻生产中的道德伦理边界,如广泛流传于"梨视频"等短视频发布平台的"偷拍爆料"类内容往往存在着侵犯公民名誉权、隐私权的隐患。

### 三、社交媒体冲击下,自有产品和平台建设有待提升

综观全行业的融合转型实践,具有互联网思维的媒体融合产品仍然非常缺乏。国内主流媒体大都明确了自身未来五年融合发展战略,但在全国或区域具备入口功能的产品或平台可谓凤毛麟角。究其原因:第一,工业化的传统媒体生产方式会因袭到新媒体建设中来,导致大多数媒体的融合实践仅限于把内容分发到两微一端等渠道中,运营严重缺失。第二,被动的任务式融合创新,致使项目夹生早产,缺乏必要的用户需求洞察和产品研发投入。有些机构的融媒体采编发平台只是配套了现代化的硬件设施,实际根本没有运转,浪费了人力、物力和财力。第三,有些媒体还沉浸在以往"内容为王"的辉煌中难以自拔,以为有了原创新闻采访权就足够安身立命。

中央广播电视总台紧紧围绕建设国际一流的国家级现代传媒航母的战略目标,按照"台网并重、先网后台"的思路,持续推动"三台三网"加速融合。三台合并后,人员、设备、思路、创意之间的各种资源壁垒均被打破,广播电视协同并进,传统媒体和新兴媒体同频共振,融合传播维度全面升级。

总台凭此优势建立新媒体"一键触发"机制,在统一的报道主题

# 第一章 何为主流媒体的变与不变

下,原央视、央广、国广三台充分发挥融合优势,在资源共享、制播合作等方面持续发力,极大地激发了内容创作的活力。央广网的音频优势和策划能力,国际在线的国际传播能力,央视网的视频制作、台网融合和深度报道能力,三网各自拥有的差异化资源和优势既可相加,亦能互补。三台记者多路出击,各展神通,使出"组合拳"多角度、多形式、集束化报道,形成好创意、好选题、好作品"百花齐放"的新局面。三台移动端共同推送总台重要评论和精品报道,覆盖全渠道,贯通大小屏,突破用户圈层,实现传播效果最大化。总台新媒体通过聚资源、聚用户、聚平台,实现集约化、集群化、规模化传播,进而提升了自身的市场竞争力。

在全媒体语境下推进媒体融合发展,必须坚持以习近平总书记关于媒体融合发展的系列重要论述精神为指引,坚持问题导向、需求导向、效果导向,直面当前媒体融合发展存在的问题与挑战,采取切实有效的应对措施,加快推动"四全媒体"建设,努力构建全媒体传播格局,更好地服务新时代、助力新征程。

# 第二章 主流媒体的核心优势是什么

2019年1月25日,习近平总书记在十九届中央政治局第十二次集体学习时提出"四全媒体"的概念,即全程媒体、全息媒体、全员媒体、全效媒体,"信息无处不在、无所不及、无人不用"[①]。在全媒体时代,媒体可链接社会生态,配置社会资源,实现社会资源的再生产和充分利用。为落实"以人民为中心"的工作导向,中央广播电视总台已全力打造了一批艺术精湛、制作精良、形式创新的经典品牌。在现有品牌基础上,总台拓宽传播渠道、创新传播形式,制作适应全媒体传播的品牌产品,线上与线下协同宣推,积极传递社会正能量,引领社会风尚。总台充分发挥自身优势,依托强大的品牌影响力、平台整合力和媒体公信力,在不断开拓创新中履行中央媒体的社会责任。

## 第一节 品牌价值

中央广播电视总台作为国家级主流媒体,其无可比拟的权威性、

---

① 习近平.加快推动媒体融合发展 构建全媒体传播格局[J].中国报业,2019(7):5-7.

公信力、影响力、专业性,赋能国家媒体平台品牌价值,通过实现主流价值引领,主动服务国家重大战略部署。

### 一、聚合平台资源优势,凸显品牌链接价值

中央广播电视总台以中国市场品牌传播的"1+N"模式为基础,即由一个国家主流媒体与数个各具特色、拥有多元用户的媒介平台构成,中央广播电视总台是引领企业在市场上做品牌建设和提升品牌价值的"1";依托总台独特的资源优势,企业媒介平台作为"N"能够持续而有力地输出品牌信息,提升企业的品牌形象、品牌好感度、品牌信任度。新媒体营销环境中,在中央广播电视总台大方向的带领下,多种媒介平台相加促融合,合力谋发展,促进了一大批中国品牌的成长,助力中国经济高质量进步。

中央广播电视总台凭借独有的国家地位和资源优势,能够帮助品牌获得经济效益和社会效益。总台在媒体融合转型以及推动传播力、引导力、影响力、公信力全面提升的过程中,积极融合创新发展,探索独有的广告经营范式。在与企业品牌合作的过程中,总台根据热点跟讲、整合营销、品牌服务等理念设计产品推广思路,使品牌价值最大化,为合作品牌提供量身定制的传播渠道和资源,借助新媒体矩阵,实现品牌的二次推广。中央广播电视总台能够覆盖最广泛人群,帮助品牌快速提高知名度和渗透率,增加品牌资产,为品牌带来更广阔的市场。

总台正面、权威的形象能够为品牌赋能,提高品牌的可信度和美誉度。企业在长效发展中应注重提升自己的品牌价值,而不仅仅局限

于"现象型品牌",企业的品牌资产的累积也来自市场信任、企业形象、社会认可等多个方面。品牌登陆总台对于企业品牌价值的提升有显著效果。以汽车行业为例,调查结果显示,80.3%的消费者认为"CCTV 上的广告更能吸引我的注意",远高于其他媒体平台。消费者也认为在总台平台上进行推广的商品,品质更好,让人更放心购买。

**二、汇聚公益传播力量,扩大公益品牌影响力**

中央广播电视总台以"国家平台、强国品牌"为使命,策划并落实"品牌强国工程",以实现与多个省市、多项国家重大工程、多家国内顶尖企业的品牌战略合作,全面助推强国品牌。

总台运用产业思维,推动文化产业创新发展,突出项目带动作用,优化资源配置,实现品牌价值升级。总台开展多元经营,不断壮大、提升平台自身生产力与中国品牌影响力,以中央媒体助力中国智造,以国家平台成就国家品牌。

总台肩负中央媒体的社会责任,具有先天的传播权威性,在品牌传播过程中所产生的概念价值更容易被受众所接受。弘扬社会主义核心价值观,是总台的职责与使命、责任与担当,全面升级"国家品牌计划"公益项目,全力打造总台公益品牌,是总台塑造国家品牌的重要方面。"国家品牌计划"分为公益部分和商业部分。公益部分包括"广告精准扶贫"项目和"重型装备制造业品牌传播"项目。"广告精准扶贫"正是体现总台社会生态链接价值的重要创举。作为贯彻落实习近平总书记精准扶贫重要战略思想以及"广告宣传也要讲导向"等重要指示的一次成功探索,"广告精准扶贫"把信息传播的一次性消费转化为社会资源的可持续循环,创造出更多新机会和新价值。自实施以来,"广告精准扶贫"项目惠及贫困户 140 万户,贫困人口 500 多万,累计资源价值超 30 亿元,受到十余省(区/市)各级党委和政府的高度重视,成为脱贫攻坚战的重要抓手和生态链接价值的生动印证。

一方面,汇聚公益传播力量,形成业内品牌影响力。总台联合各地政府部门、各级媒体平台、各大商业品牌共同推动公益传播,通过和企业的合作与融通,进一步提升影响力与引导力。另一方面,打通新媒体平台,建立全媒体公益传播矩阵。总台将进一步与影响较大的新媒体平台建立合作关系,推广具有思想性、艺术性和欣赏性的公益作品,不断扩大总台公益品牌的影响力,以品牌建设促进产业的转型升级。

### 三、内容引领价值,打磨精品力作

总台坚持正确的政治方向和舆论导向,围绕中心,服务大局,宣传党的主张,反映人民心声,在内容引领上实现媒体价值,践行总书记提出的"四者",在思想上政治上行动上同党中央保持高度一致,做党的政策主张的传播者、时代风云的记录者、文明进步的推动者、公平正义的守望者。在中宣部的领导下,总台紧紧围绕庆祝改革开放 40 周年、新中国成立 70 周年等重大事件,努力打造了一批具有中国气派、中国水准、世界影响力的广播电视精品和新媒体内容产品。

聚力实施"头条工程"。总台自组建以来,始终坚持宣传报道的高标准,把《新闻联播》"头条工程"拓展为总台"头条工程",推动习近平新时代中国特色社会主义思想和总书记风采报道"天天见、天天新、天天深",将习近平新时代中国特色社会主义思想更深一步贯穿融入到宣传报道的方方面面。例如选取习近平总书记重要讲话中的金句、妙语娓娓道来,丰富镜头语言,捕捉细节故事,寻找共鸣点,增强感染力,在上天入地、润物无声上下功夫,让习近平新时代中国特色社会主义思想"飞入寻常百姓家"。总台把打造视频精品作为重要突破口,举全台之力精心制作时政微视频、时政纪录片等,如《从深圳到雄安》《家国天下》《构建人类命运共同体》《习近平彝家火塘话脱贫》《时代之问,博鳌作答》等,播放量都在5000万次以上。同时,总台还推出《治国理政新实践》《"十八洞村"扶贫故事》《筑梦路上》《将改革进行到底》《不忘初心继续前进》等重大时政报道和政论专题片,深刻反映十八大以来的社会变革。

拓展新媒体舆论阵地。总台认真贯彻落实中央关于推进媒体融合发展的部署要求,坚持"台网并重、先网后台",推进内容生产供给侧结构性改革,努力打造自主可控、在舆论场上具有强大影响力的新型主流媒体。以新媒体为依托,总台积极拓展舆论阵地和传播方式,进一步优化用户体验,打造了一批让网民"爱不释手"的新媒体内容和产品。2018年上半年,总台原创时政微视频的数量在主要央媒中占比达到60.2%,播放量过亿的原创时政微视频有3条。[①] 总台在传统、新兴、融合内容与平台的建设实践中,坚持深入生活、扎根人民,不断推出讴歌党、讴歌祖国、讴歌人民、讴歌英雄的精品力作。

评论是媒体的标杆,集中体现媒体的态度与价值取向。2019年以

---

① 《求是》刊发慎海雄署名文章:以守正促创新 以创新强守正[EB/OL].(2018-10-01)[2019-08-02].http://media.people.com.cn/n1/2018/1001/c40606-30324180.html.

来,总台以新兴平台为依托,推出时政评论"央视快评"和国际问题评论"国际锐评"各百余篇,做到了重要讲话、重大活动、重大事件必发声、快发声、稳发声,被称为时政评论的"轻骑兵"。这些时政评论稳妥把握时度效,突出"真、短、快、活、强"的特点,做到了台网并重,广泛传播。同时,总台还创新推出新媒体产品《主播说联播》,注重长话短说、官话民说,迅速成为新媒体品牌刷屏之作。

集群打造精品节目。总台坚持深入生活、扎根人民,精准发力、有效传播,用情、用功、用心书写伟大时代,不断推出讴歌党和祖国、礼赞人民和英雄的精品力作。近年来,《国家宝藏》《不朽的马克思》《经典咏流传》《挑战不可能》《中国诗词大会》等一大批精品节目广受欢迎。

打造多样态产品矩阵。长视频是存量,是基础;短视频是增量,是机遇。总台央视60年来积累了权威的品牌资源、海量的多类型垂直内容制作资源,以及电视大屏的入口资源。长视频方面,重大时政报道、春晚、奥运会、世界杯等总台独家的长视频资源,构成头部流量担当。如"9·3"大阅兵新媒体多终端直播同时在线人数最高达621.5万,创视频直播在线人数历史新高。短视频方面,总台成立了微视频工作室、央视频融媒体发展有限公司,强化流量思维、用户思维、数据思维,建设以"央视频"为品牌、短视频为主打的视听新媒体旗舰,最大化连接、聚集、服务用户,推出的多个原创微视频播放量超过亿次。下一步应更加注重差异互补,在形态上主打短视频、兼顾长视频,逐步形成长短结合、优势共享的多样态产品矩阵,发挥规模效应和品牌效应。

**四、创新外宣领航价值,主动讲好中国故事**

总台贯彻落实党中央关于加强国际传播能力建设重要部署,主动承担国际传播的外宣功能;坚持国际传播紧跟新时代中国发展大势,因势而谋、主动发声,放眼世界舞台,传递中国声音,锐评国际风云,有信心、有能力更好地向世界展示真实、立体、全面的中国。

深化海外传播布局,抢占国际舆论高地。基于对国际舆论场变化的充分研判,总台成立国际传播规划局、欧洲拉美地区语言节目中心,重新划定海外记者站(分台)、英语频道/率、小语种频道/率、传统媒体与新媒体职能定位,优化战略布局,加快推进各驻外机构、人员、业务等资源深度融合、优势互补。特别是加快探索建立对外宣传报道快速反应机制,尽快实现重大国际新闻自采率与西方主流媒体同台对标,与中国相关的重要新闻首发率保持全球首位,抢占国际舆论制高点。

讲好中国故事,传播中国声音。总台始终把内容建设作为加强国际传播能力建设的核心环节,打造具有较强影响力的拳头产品和现象级节目。英、西、法、阿、俄多个国际频道已在全球150余个国家和地区落地播出,整频道海外用户数近2.5亿。自成立以来,"国际锐评"通过6种语言文字,以及视频版、音频版等广泛推送,传播覆盖五大洲100多个国家和地区的580多家主流媒体和社交平台,在主要西方国家实现突破。推进中国话语与国际话语对接,主动宣介习近平新时代中国特色社会主义思想,讲好中国故事,传播好中国声音。

在内容上,中国国际电视台立足总台的优质新闻资源,为用户提供政治、经济、科教、文化、体育等不同领域的多语种国内国际新闻,不断拓宽内容报道面;在渠道上,中国国际电视台坚持移动优先,形成多元聚合的融合传播模式,以突破传统媒体跨国落地障碍;在形式上,中国国际电视台提供个性化新闻服务,引入大数据分析系统实现精准传播,开发新媒体多元功能,同时运用特色化、多样化、智能化的报道手段,全方位、立体化展现中国形象、讲好中国故事。

加强国际合作、拓展海外传播。总台充分利用国际视频通讯社(国际视通)品牌,主动加强与国外媒体的合作,利用外国主流媒体平台阐释我国立场主张,影响对象国主流社会。以人文类纪录片、优秀电视剧为对外传播的突破口,利用覆盖全球的用户网络和无缝对接的内容传输渠道,将更多中华文化精品节目推向世界,在交流合作中彰显中华优秀文化的强大魅力,彰显新时代中国人的精神气象。

**五、IP衍生开发价值,弘扬优秀传统文化**

在互联网时代,传统的文学、动漫、新闻节目等均被赋予更丰富的内涵、更强大的生命力,实现了原创文化产品的IP(Intellectual Property)价值。历经60余年发展历程和三台合并的融合机遇,总台积累储备了大量优质IP资源,这些资源孵化条件好,人员创作能力强,开发IP衍生价值便成为总台媒体功能再开发的题中应有之义。

打造守正创新、具有网感的主持人IP。创新、坚守、梦想、态度、专注是总台主持人的标签。如新媒体产品《主播说联播》中,康辉、海霞、李梓萌等主持人网感浓郁,或结合国内外时事新闻频发金句,"该高大上绝不低姿态,该接地气也绝不端架子"。主持人不仅个性鲜明、魅力突出、充满"网缘",而且与节目一起常登"热搜"、频被"转发"、迅猛"涨粉",成为总台改革文风语态、增强好感认同、获得喜爱支持的IP担当。下一阶段,从大屏到小屏、从长视频到短视频,都要将主持人打造成具备浓厚网感的亮眼IP:对内传播,展现个人亲和力、感染力和接近性；对外传播，彰显中国立场、中国态度和中国气派。

打造文化领航、体现时代特色的"现象级"节目IP。在文化类节目领域，总台掀起的"现象级"风潮此起彼伏。以《朗读者》《经典咏流传》《国家宝藏》《中国诗词大会》为代表的一大批精品节目，成为传承中华传统文化、引领社会文化潮流的重要IP。总台力图创制时代化表达、创新性产品、文化力典范，让古老和年轻握手，让经典与流行结合，让过去与现在对话，让文化活起来、潮起来、燃起来。

## 第二节 平台优势

在自有平台的打造和运营过程中，总台提出"台网并重、先网后台、移动优先"的整体策略，将新兴媒体，尤其是移动端平台的建设提升到重要战略地位。在新兴媒体运营各个环节，总台有效融合传统主流媒体在意识形态引导、舆论引导、主流价值观传播等方面的先进经验。在全面推进媒体融合发展、新型主流媒体建设过程中，总台一直坚持贯彻执行习近平总书记提出的"坚持导向为魂、移动为先、内容为王、创新为要，在体制机制、政策措施、流程管理、人才技术等方面加快融合步伐，建立融合传播矩阵，打造融合产品"[①]的发展思路。

### 一、基础用户优势突出，受众覆盖范围广

中央广播电视总台自成立以来，牢牢把握国内国际传统观众、听众，开拓新兴用户，探索用户迁移。在媒体融合的转型中，除了依靠传

---

① 习近平.加快推动媒体融合发展 构建全媒体传播格局[J].中国报业，2019(7)：5-7.

统用户,总台还深入布局全媒体传播网络,依靠全媒体深层触达用户,成为全球范围内为数不多的用户体量达到 10 亿级的媒体之一。

总台在用户规模上,数量庞大;在用户覆盖上,深入全球各国家和地区;在用户层次上,覆盖传统视听媒体和新媒体各个层次。截至 2018 年底,中央广播电视总台的电视端全球覆盖人群超过 12.71 亿,新媒体平台用户规模突破 10.4 亿,其中央视新闻新媒体平台累计用户近 4 亿。央广网在海内外拥有数以亿计的听众,中国国际电视台在 2018 年新增海外整频道用户 3300 万户,用户总数达到 2.8 亿。同时,总台覆盖范围广,用户覆盖超过全球 210 个国家和地区。其中,中央电视台国内电视覆盖用户数量超过 10 亿;中央人民广播电台是中国唯一覆盖全国的广播电台;中国国际电视台电视频道在全球 170 多个国家和地区实现了整频道或者部分节目落地。同时,总台还拥有 100 多个覆盖中国各省和世界重要国家、地区的记者站。从体量规模、覆盖规模等指标综合而言,总台的基础优势突出。

**二、坚持守正创新,多平台形成合力**

一是精细化建设传统媒体。总台对原有电视频道及其定位进行了精细化建设,CCTV-7 升级为国防军事频道,新增 CCTV-16 奥运频道、CCTV-17 农业农村频道,由此形成的全新的总台电视频道矩阵和频道功能得到进一步细化区分。在节目方面,以央视新闻频道为突破口,总台启用全新演播室,开启节目的优化与升级之路,逐步加强广播、电视、新媒体在内容生产方面的联动与协作。在管理、运营方面,总台总编室、新闻中心、总经理办公室、民族语言节目中心、创新发展研究中心、央视频融媒体发展有限公司陆续成立,开启了总台内容生产、媒体经营、广告经营、产业经营的全新阶段。

二是迅速拓展新兴媒体平台。从"两微一端"再到央视移动新闻网,总台不断加强移动端自有平台的建设能力,并在原有的原创发布基础上,利用技术手段增强了新闻聚合能力,极大地拓展了信息容量和信息多样性,平台、流量、用户、爆款等互联网思维逐渐在探索中形成。如截至2019年1月,央视移动新闻网矩阵号系统聚合了400家视频制作与发布机构的优质内容,逐步形成了覆盖全国范围的省市县级媒体机构的综合性新闻资讯平台。但是,总台在微信、微博、抖音等第三方平台搭建的自有平台,需要注重名称的统一和账号的统筹管理,融入整体的策划、产制流程,形成矩阵与影响力合力。再如,为迎合当下传播趋势和年轻用户信息接触习惯,总台推出综合性、平台级、针对年轻群体的"央视频",以PGC+PUGC为基础,打造具有主流媒体特色的"轻娱乐+轻松态"的客户端产品。① "央视频"在内容上聚焦泛文艺、泛资讯、泛知识三大品类,致力于建设守正创新、真实权威、生动鲜活、轻松快乐、用户喜爱的新媒体新平台。② 此外,结合当前信息传播技术的发展趋势,总台守正创新,开启多项融媒体传播实验,为自有平台的建设提供理论与实践支撑。总台通过5G新媒体实验平台,探索5G+4K超高清实时传输、4K集成制作、5G环境下的移动内容制作、VR制作、新一代智能终端传输等新技术领域,整体产制、传播以

---

① 黄鹂.从"借船出海"到"造船出海":中央广播电视总台短视频发展战略[J].新闻战线,2019(11):36-39.
② 中央台组建新媒体公司,聚焦短视频及5G新媒体平台[EB/OL].(2019-06-17)[2019-08-01].http://www.sohu.com/a/321223034_351788.

及收视环境基本成形。2019年5月,总台"5G+4K+AI"媒体应用实验室落户上海国际传媒港,开启"5G+4K+AI"总体战略的平台建造与现实应用实验。

**三、全方位多角度发声,台网协同扩大声量**

三台合一后,总台整合了原中央电视台、中央人民广播电台、中国国际广播电台的传播渠道资源,以视频、音频、图文、VR等多种传播形态全方位、多渠道、多终端共同发力,扩大声量,实现跨平台、跨频道和跨频率的融合传播。

从整体资源来看,中央电视台拥有42个电视频道,其中开路频道29个,数字付费频道13个,共开办529个电视栏目,年播出总量达33.8万小时;中国国际电视台拥有6个电视频道、3个海外分台、1个视频通讯社,是全球唯一使用6种联合国工作语言不间断对外传播的电视媒体;中央人民广播电台拥有以中国之声、经济之声为代表的17套广播节目,全天累计播音354.5小时;中国国际广播电台在全球拥有101家海外整频率播出电台,每天播出近3000小时节目。总体而言,总台已经涵盖多种传播介质和业务形态,同时还拥有丰富的新媒体资源,已初步构建起"一云多屏"的传播体系,并建设了全球最大的中文正版视频数据库。

三台联手,台网融合。中央广播电视总台以传统广电媒体转型为抓手,将三台之功能与力量合而为一,注重一体化推进和顶层设计,在国家级媒体中率先打造融合全媒体,真正实现传统媒体与网络平台融为一体、合而为一的模式,增强总台实力、内力、活力和竞争力,推进互联网这个最大变量成为最大增量。基于三台一体思路,总台统一部署、共同策划、资源共享、同步发声、集体发力,进一步探索广播与电视、传统媒体与新兴媒体、对内宣传与对外宣传、产业与事业融合发展的新路径、新机制,稳步推进组织架构、平台渠道、业务流程和管理机制的改革重塑,实现"1+1+1＞3"的整合传播效果。如央广播音员为《新闻联播》配音,三台文艺部门联手打造品牌,在博鳌亚洲论坛等重大活动中统一品牌、一体策划、融合报道,等等。

加强区域资源开发与区域联动。总台副总编辑彭健明在谈及总台布局的方向时提出:区域合作优势互补,能提升总台传播力、引导力、影响力、公信力。① 一方面,实施区域化合作。2018年10月,总台与上海市人民政府举行深化战略合作框架协议签约仪式,总台第一个区域总部和地方总站——长三角总部和上海总站同时在沪成立;2019年3月,总台与广东省人民政府签署深化战略合作框架协议,粤港澳大湾区总部和广东总站是总台又一区域总部和地方总站。在区域化的合作中,总台将立足各区域优势资源,打造强大的区域新闻传播中心和文化产业基地。另一方面,以平台为依托开展区域资源聚合。2019年2月,总台"全国县级融媒体智慧平台"正式上线,该平台基于央视新闻移动网的平台应用,从节目研发、技术支撑、内容分发、媒资共享等方面为县级融媒体中心进行全方位赋能,助力县级融媒体中心形成渠道丰富、覆盖广泛、传播有效、可管可控的移动传播矩阵。目前,已有100家县级融媒体中心矩阵号入驻平台。

---

① 祖薇.中央广播电视总台副总编辑彭健明:总台10月1日将全面改版[EB/OL].(2019-06-12)[2019-08-01].http://www.thepaper.cn/newsDetail_forward_3659745.

### 四、引领技术革新，构建智慧媒体

矩阵赋能："互联网＋"公共服务。当前，总台积极推动媒体融合发展向深层次纵向化发展。总台上线"全国县级融媒体智慧平台"暨央视网新版全终端，就是连通国家传播与基层传播的有益尝试。"央视新闻＋"客户端开设"最前沿县级融媒体"入口，目前已入驻近千家县级融媒体中心矩阵号，实现了信息内容、技术应用、平台终端、管理手段的共融互通，助力建成主流舆论阵地、综合服务平台和社区信息枢纽。未来，应促进"互联网＋"公共服务治理以更有机的连通性、更必要的灵活性、更深层的改革性，适应网络生态环境的复杂变化，实现创新的最大化和市场的自由开放。

双屏驱动：智能大屏与移动小屏。总台致力于探索智能大屏与移动小屏之间的联动效应，力图建立不同场景下双屏连通、融合传播的新样态，将网络用户与电视观众联系起来。以智能大屏为代表的新电视，已成为主流价值传播的重要渠道，为电视传媒产业提供了巨大的价值想象空间。下一步，应发挥总台在IPTV、互联网电视上的政策牌照和平台优势，进一步提升公共平台服务能力以及总台特色互联网内容的运营和聚合能力，利用5G超低时延和大规模用户连接能力，精简用户互动体验路径，依托视频构建以智慧家庭为核心的产业生态系统。

瞄准年轻力量：破圈增黏。青年用户是分众市场的重要组成，偏好符合群体特征的特定内容。总台正在打造越来越多叫得响、传得开、立得住的精品力作，实现艺术水准和群众满意度"两个有所提高"，尤其注重提高年轻用户的覆盖率、接受度和好评率。

塑造青春愿景：激发青年群体传播潜能。从价值层面看，当代青年具有善于思考、勇于担当的责任感和使命感，也充分反映了新一代年轻人对新时代的生动理解。总台举办"你好！新时代"青年创意微视频大赛，邀请年轻人用自己喜欢的方式，以创意的手法，捕捉新时代的变化，记录新时代的成就，展现新时代年轻人的青春风采。

## 第三节 公信力

习近平总书记强调，"我们要使主流媒体具有强大传播力、引导力、影响力、公信力，形成网上网下同心圆，使全体人民在理想信念、价值理念、道德观念上紧紧团结在一起，让正能量更强劲、主旋律更高昂"。推动媒体深度融合发展，根本任务在于做大主流舆论，巩固全党全国人民共同奋斗的思想基础。在全媒体时代的浪潮中，主流媒体要高举新时代中国特色社会主义旗帜，以舆论引导、思想引领、文化传承、服务大众为己任，提升媒体传播力、引导力、影响力、公信力，打造新型主流媒体传播矩阵，生产人民群众喜闻乐见的优质新闻产品。中央广播电视总台以"四全媒体"建设为基本框架，确立"5G＋4K＋AI"的战略布局，加强对新传播生态信息传播规律的研究与探索，加快建立融媒体整合与传播的标准体系与评价规范，全力向融合型、智慧型的新形态主流媒体迈进。

### 一、坚守主流权威，发挥舆论引导作用

总台要在体现主流上下功夫，在打造权威性上做文章，在提升公

第二章 主流媒体的核心优势是什么

信力上求突破。坚守主流权威的新闻传播功能,坚守主流权威的舆论引导功能,这是总台作为国家级主流媒体增强国家意识和社会责任的体现,也是总台在新的媒介环境下的传播优势,更是新兴媒体、商业媒体、地方媒体所不具备的独特优势。

权威性体现了主流媒体在社会中的公信力和在公众中的影响力,是总台的定位和属性决定的,也是在长期发展中形成的。总台通过不断增强党媒意识,提高政治站位,确立了其在新型传播环境下的高起点、高站位,使其得以迅速占领新型媒介环境下的传播高地。

**二、叠加独有资源,凸显权威公信力**

总台作为国家级视听传播媒体,拥有独家的时政视听资源,围绕中心、服务大局,在重大时政活动的直播以及现场报道等方面,充分发挥现场、及时、直观的优势,做到先人一步、先声夺人,为公众提供独家、权威的时政视频信息,提升了自身的影响力和公信力。

总台作为国家级主流媒体,具有独家和权威这一新兴媒体、商业媒体、地方媒体无法比拟的传播优势,例如对重大事件、突发事件的独家直播,在时事新闻报道、体育赛事等专业领域强有力的话语权等。独家内容能借助总台的媒体平台实现传播价值的最大化,也是总台实现其引导力、影响力和公信力的重要优势。作为国家级媒体,总台应发挥带动广播电视媒体发展的旗舰作用,把准方向、把好导向,引导社会热点,加强国际传播能力建设,守护好准确、权威、专业的"金字招牌",以独家、原创为目标,向世界讲好中国故事。

总台对党和国家重大事件、活动、政策进行权威发声、及时发声。

权威栏目《新闻联播》、新媒体产品"央视 V 观"、新锐栏目《主播说联播》构成传统主流平台和新媒体平台同声共振的品牌产品。同时,总台凭借自身独家的时政视频优势以及成熟的视音频直播技术,统筹内宣外宣、网上网下,整合各平台及频道资源,圆满完成了全国"两会"、庆祝改革开放 40 周年大会、"一带一路"国际合作高峰论坛等重大时政活动直播任务。

总台把视频精品作为重要突破口,放大独家资源,把握融合传播趋势。在重大时政活动期间,利用其视音频优势,总台推出时政活动相关内容产品,扩大活动影响力。如在"一带一路"高峰论坛期间,总台推出《我与"一带一路"》系列节目;2019 年"两会"期间推出了《上新了·两会》。此外,在报道习近平新时代中国特色社会主义思想时,总台精心制作推出《总书记的牵挂——一枝一叶总关情》《习近平和母亲》《习近平彝家火塘话脱贫》等时政微视频和时政特稿,取得了良好的传播效果。

第三章 体制机制的突破能否在媒体内部完成

# 第三章 体制机制的突破能否在媒体内部完成

党的十八大以来,习近平总书记多次就传统媒体的融合发展发表讲话,推动我国传统媒体由"横向相加"走向"纵深相融"的阶段。面对日新月异的媒介技术和复杂多变的舆论环境,如何在媒体深度融合过程中牢牢占据传播的主流阵地,加强舆论引导能力是主流媒体首先要考虑的问题。新媒体时代的竞争,是内容的竞争,更是技术和人才的竞争。传统主流媒体强大的内容生产、人力、财力优势在传统体制机制的牵制下,不能很好地为媒体融合发展服务。因此,若想打造国际一流的媒体,传统主流媒体就应做好顶层设计,打破体制机制樊篱。本章就传统主流媒体在体制机制方面存在的问题进行分析,并从创新体制机制、打造人才队伍、改善经营理念、完善赢利模式四个方面提出建议,推动传统主流媒体早日完成媒体深度融合,打造具有强大影响力、传播力、引导力的现代化媒体。

## 第一节 体制机制:灵活高效 激发活力

2019年1月25日,习近平总书记在人民日报社发表的《加快推动

媒体融合发展 构建全媒体传播格局》讲话中指出,"党的十八大以来,我们坚持导向为魂、移动为先、内容为王、创新为要,在体制机制、政策措施、流程管理、人才技术等方面加快融合步伐,建立融合传播矩阵,打造融合产品,取得了积极成效。我们要立足形势发展,坚定不移地推动媒体深度融合"。传统主流媒体的融合发展要全面把握媒体融合发展的趋势和规律,改革创新,建立适配的新型体制机制,推动传统主流媒体深度融合发展。

目前传统主流媒体在体制机制方面存在的主要问题是:一方面,体制僵化阻碍了高级技术人才的涌入,致使多家主流媒体至今未能在移动时代打造出依托先进技术、聚拢大量自有用户的强大新闻平台。另一方面,因为缺乏有效的考评机制、奖励机制、先进的组织架构和富有竞争力的薪酬体系,员工的内容生产力和创新能力没有得到有效激发,部分员工生产效能低下。针对这两点问题,新闻新媒体的体制机制建设要以打造先进自有平台、激发内容生产力为抓手,以聚拢自有平台用户、创新生产多样态节目、实现多元赢利为目标,着眼于发展问题合理布局,着重解决体制机制与融合发展之间的矛盾,大力建设新时代主流媒体融合创新发展模板。

## 一、体制机制改革的前提:坚持正确政治方向

媒体融合发展要旗帜鲜明地坚持正确的政治方向、舆论导向和价值取向,因此在体制机制改革中,要坚持党委领导,不断学习党的媒体融合观,确保把党的理念方针贯彻到改革的每一个角落。

坚持党管媒体,要深入学习党的媒体融合观。过去的 PC 时代和

移动时代,一些传统主流新闻媒体未能充分认识媒介发展规律,加之各部门间由于体制机制原因壁垒较厚,因此不能协同发力,造成决策失误,落后于人。但是今天党的媒体融合观给各大主流媒体的融合发展道路指明了方向。习近平总书记在《加快推动媒体融合发展 构建全媒体传播格局》中指出,"从目前情况看,我国媒体融合发展整体优势还没有充分发挥出来。要坚持一体化发展方向,加快从相加阶段迈向相融阶段,通过流程优化、平台再造,实现各种媒介资源、生产要素有效整合,实现信息内容、技术应用、平台终端、管理手段共融互通,催化融合质变,放大一体效能,打造一批具有强大影响力、竞争力的新型主流媒体"。因此我们的体制机制改革也应该围绕媒体融合一体化发展方向展开。怎样创新体制机制才能实现传统媒体与新兴媒体的纵深融合发展,才能实现内容与平台的相辅相成,才能打破内部壁垒,提高员工生产力,实现内容资源共享、全员协同创新,才能建成拥有前沿科技的智能化媒体平台是我们亟须解决的问题。

坚持党管媒体,还要确保党委统一领导、统一部署、统一调配主流媒体的信息内容、技术应用、平台终端、人才队伍、管理服务等各个方面,实现一体指挥、资源集成、协同发展;在党的领导下完成打破体制机制樊篱的重任,创新高效管理体系,激发全员活力。

## 二、建立双轨制,释放生产力

立足媒体发展实际,充分考虑新闻新媒体的发展基础,一方面应该给事业编制的员工建立一个灵活多元的薪酬体系,真正激发员工的内容生产力;另一方面应成立一个以先进互联网技术为基础的公司,以破除传统媒体运行所遗留的体制束缚。这个公司只做与平台技术、运营等相关的工作,不承担内容生产工作,遵循现代企业运行规律,强化公司在运行过程中的主体地位;遵循互联网企业价值创造的基本规律,注重推行产品经理制,同时在不损害自身形象、利益的情况下,拥有广告承接的自主权。传统主流媒体应事企并行,内容生产端的员工可在多渠道分发内容,获得多份报酬,实现多劳多得;平台端的员工主管平台建设与运营,以建设拥有庞大用户群体、海量内容、强大传播力和赢利能力的新型主流媒体平台为目标,可不受行政体制束缚,参照互联网行业标准支付其高薪酬。同时,二者还要打破原有的利益格局,处理好企业与事业单位之间的关系,协同创新发展,发挥资源的整合效应。

此外,还应发挥事业编制与企业聘用的双重优势,明确内容和平台两条业务线的主要职责、内设机构和人员编制,打破原有部门设置,对原有媒体的业务职能、业务流程、人员配备等进行有效调整,"编随事走、人随编走"。原有媒体员工可以根据个人意愿及专业技能水平,分别理顺归属关系,既可解决人员关系不顺的历史遗留问题,又可优化资源配置,提高效能。应鼓励推动融媒体人才跨部门、跨媒体、跨体制流动,鼓励建立按项目组织内容生产等新机制。

改革的步子要迈得够大,以往解决不了的问题要借助体制机制的创新给解决掉,拥有双重优势的主流媒体也可以花高薪聘请互联网前沿技术带头人,只有技术走在前列,新闻新媒体才能拥有更大的逆风翻盘的机会,否则终将被取代。

## 三、建立多元薪酬体系，调动积极性

探索实践事企并轨运作模式，将现代企业管理制度引入事业单位，通过创新管理体制，改革分配制度，激活用人机制，逐步建立注重能力、注重实绩、坚持标准、保证质量、科学量化、全面考核、择优晋升的分配激励机制。

首先，主流媒体可采取全媒体考核评价和薪酬分配制度，实现岗位责任与业绩挂钩，例如采取"采编发数量＋优稿数＋网上供稿数量＋阅读点击量"为主的考核指标核算绩效，打破编内人员和编外人员的身份差别，用一把尺子量人才、评业绩，做到"同岗同责、同工同酬、优劳优酬"，全力调动人员的工作积极性和创造性。主流媒体应进一步完善融媒体内容生产考评机制和激励机制，注重人事和薪酬制度创新，大力提升技术研发、品牌创新等关键人才岗位的薪资待遇，建立稿费资金池等创新激励机制。

其次，加强创新孵化器功能，鼓励团队的创新。在保证政治正确、舆论导向正确的前提下，提升主流媒体内部对技术产品、运行方式、赢利模式等创新尝试的容错试错宽容度。同时建立合理的奖励机制，给予创新成功的团队以高额的物质奖励，激励全员敢想敢做敢创业，营造良好的创新氛围。

最后，在自媒体时代，建立面向内部和外部拍客的媒体资讯收集系统、分发系统和稿酬体系尤为重要。新媒体应重视用户的内容生产力，搭建面向全国各级媒体机构和全球拍客的稿酬体系。内容生产力无论何时都是媒体机构的核心竞争力，当前许多主流媒体移动端的新闻播发量和梨视频相比有较大差距,若想保持优势,应提高每日新闻发布数量,并确保独家权威发布,新闻内容要涵盖社会各个领域,不能有新闻死角。而移动时代用户的内容生产力不容小觑,很多引发舆论热潮的独家新闻都是由个人拍下后上传至网络的,所以应抓紧时间把稿酬机制建立起来,把拍客群建立和扩大起来。建立稿酬机制是获得稳定稿源的一个重要保障,合理的稿酬体系会让主流媒体移动端获得第一竞争力。

**四、强化制度倒逼,促进高效发展**

主流媒体的融合发展可借鉴互联网内容产业的成功经验,以内容生产为考核标准,以流量为分配的参考依据,让员工和内容之间、员工和用户之间产生最直接的关联,从而自下而上地推动新闻机构高效快速良性发展。

首先,通过制度倒逼来实现全员转型。在薪酬绩效中提高对融媒体平台发稿考核的比重,尤其注重向融媒体平台多发、优发倾斜,争取以优质内容将用户牢牢地锁定在移动端,甚至以周到的服务将其转化为自有订户。在考核上着重于内容对新媒体平台的贡献度,包括在新媒体后台呈现的转发量、点击量、评论数等。另外,应着重于考核技术对用户使用体验的影响,运营对新媒体平台用户日活、周活、月活量的影响等;将各部门各岗位对融媒体平台的贡献度作为绩效考核的主要指标,促动内容向移动端先发、多发、优发,促使平台内容丰富、运行流畅、使用体验感佳。各生产部门都要把最好的内容先放在移动端,各技术部门及运营部门都要将关注用户感受、为用户推荐适配的内容、

## 第三章 体制机制的突破能否在媒体内部完成

提供周到独家服务作为首要任务,从而利用移动端打造拥有庞大自有用户的权威数字媒体,建设国际一流的新型主流媒体。

其次,以内部自我驱动倒逼创新发展。各部门领导应主动适应信息化要求,强化互联网思维,善于学习和运用互联网,重视内驱的强大动力。主流媒体移动端可建立多个融合生产、技术、运营部门的融媒工作室,由各部门员工提出创新想法、改进建议或优质内容选题等,并组成工作室。转型即创业,创业阶段哪怕一个小水花都可能会激起千层浪,因此跨部门开会碰撞想法,将有价值的想法、建议或选题在工作室内快速落实,并给予资金、技术、推广等方面的支持和奖励,以此促进良性发展、高效创新。

另外,主流媒体移动端可以参照其他主流媒体的融合发展经验,制定"媒体融合发展"的量化评估标准,定期对媒体融合发展进行动态监测和成效评估,既考核融媒体集团作为党和政府的喉舌,在对外宣传、主题宣传、新闻报道等方面的成绩,也按照企业化运作的思路,考核广告营收、产业拓展等国有资产保值增值的情况。在考核中发现问题,并不断改进,以考核促发展。

最后,加强全员融媒体素养培训,迅速提升专业能力。全媒体记者队伍的转型和培养是开展媒体融合工作的基础,要通过流程再造、产品再造等环节促进全员转型,形成全员全媒体的工作状态;要建立定期培训制度,对全体员工进行技术、内容、传播效果等多层次全方位的培训,切实提高员工的业务素质、工作水平和创新能力,确保媒体融合发展工作的高效推进。

## 第二节　人才队伍:战略明确　途径多元

移动互联时代,在推动媒体融合发展由横向"相加"到纵深"相融"的过程中,媒体的舆论生态、传播方式、生产流程都发生了深刻变化,传媒业态已经全面重构。新的业态需要具有复合能力的全能型人才,因此培养一批既能适应新的要求,又能放眼未来推动业态发展的优秀的全媒体人才是主流媒体融合发展道路上亟待解决的问题。人才培养是推动媒体融合发展,做大做强主流舆论,增强传播力、影响力、引导力、公信力的关键,这关乎能否在下一轮的媒体竞争中取得先机,真正建设成为新时代的新型主流媒体。

习近平总书记在2018年8月21日于北京召开的全国宣传思想工作会议上的讲话指出:"宣传思想干部要不断掌握新知识、熟悉新领域、开拓新视野,增强本领能力,加强调查研究,不断增强脚力、眼力、脑力、笔力,努力打造一支政治过硬、本领高强、求实创新、能打胜仗的宣传思想工作队伍。"从全球范围内看,媒体智能化进入快速发展阶段,媒体智能融合发展已经成为总体趋势,这要求传媒人才培养必须不断回应新时代、新趋势、新业态提出的新要求,在思想上、制度上、行动上不断探索创新,从而不断提升新闻人才队伍的专业素养、使命担当和创造力,提升人才竞争力,为打造具有强大影响力、传播力、竞争力的新型主流媒体,为管好、用好拥有庞大自有用户的移动互联网平台而不断努力。

# 第三章 体制机制的突破能否在媒体内部完成

## 一、思想上:坚持正确舆论导向,讲好中国故事

习近平总书记在《把握好新闻工作的基点——在福建省宁德地区新闻工作会议上的讲话》中强调,"无论任何时代,新闻工作者都要把握时代的脉搏,认识新闻的作用,要看到新闻事业是党和人民的喉舌,担负着反映舆论、引导舆论的一个重要任务"。新闻舆论工作,既有信息发布和传播的属性,更有意识形态属性。在当前国际形势复杂、国内舆论多元的社会环境下,主流媒体更要站在"牢牢把握意识形态领导权事关党和国家事业成败"的高度,认识新闻舆论工作的职责和使命,立足主战场、唱响主旋律。这就要求主流媒体加强对新闻工作者意识形态方面的培训,要求新闻工作者"旗帜鲜明讲政治",坚持党的领导,牢牢把握正确的舆论导向。

"旗帜鲜明讲政治"应深入贯彻落实在主流媒体融合发展的每一个环节中,要求新闻采、编、播、发的各个环节及每个员工都有站得稳的政治立场,在思想上辨得清方向,严守政治规矩的红线、意识形态的防线、安全播出的底线,绝不为取悦受众而"失向",绝不为博人眼球而"失真",也绝不为刻意迎合而"失态"。同时,我们的新闻技术工作者应加快自主创新,不断探索,将人工智能运用在新闻采集、生产、分发、接收、反馈中,用主流价值导向驾驭"算法",全面提高舆论引导能力,以此确保主流媒体的"阵地绝不挪移,目标绝不偏移,中心绝不游移,行动绝不漂移",打造新型传播平台,让党的声音飞入寻常百姓家。

主流媒体坚持正确的舆论导向,旗帜鲜明讲政治并不是让新闻工作者曲高和寡地发声,而是让他们更能俯下身子,深入群众,聚焦百姓

生活,聆听百姓心声,讲好中国故事。这就要增强新闻工作者的专业性和贴近性,提升新闻工作者的业务功底,在融合发展与转型升级中不断缩小与普通用户的审美距离,用通俗化的语言表达和本地化方式进行报道或解读,做到"新闻内容家常化、主持风格个性化、叙述方式故事化",让"有意思"的形态承载更多"有意义"的内容,打造正能量的新闻产品,加强与受众的互动,切实增强用户黏性。

## 二、制度上:制定人才发展战略,创新人才培养机制

中央《关于深化人才发展体制机制改革的意见》中强调,深化人才发展体制机制改革,是深入实施人才优先发展战略、加快我国人才事业发展的重大举措,是构筑人才制度优势、实现更高质量更高水平发展的战略之举。因此,基于主流媒体目前的员工数量、用人机制和未来的发展版图,我们应逐渐完善人才的选拔、培养、任用、淘汰等各项机制,通过打通业界学界,不断创新人才培养体制机制,努力打造出一支高素质、高知识、高能力、具有创新力和可持续发展的专业人才队伍,形成独具特色的、具有核心竞争力的人力资源优势。

一方面,主流媒体应制定人才发展战略,树立人才是融合发展之基础的观念,重视构建主流媒体的人才培养体系。在人才选拔提升方面,建立中层管理人员和业务骨干人员双轨提升机制。对于具备一定管理协调能力的人员,结合双聘机制、中层选拔机制,进行严格筛选,纳入中层岗位,并实施中层年薪制。对于业务能力较强的人员,往业务骨干的方向去培养,并出台配套的特殊人才年金制和首席人员首席待遇制度,使员工获得最大化的提升空间,有效稳定人才队伍。

第三章　体制机制的突破能否在媒体内部完成

人才培养体系的构建是目前主流媒体融合发展的当务之急。建立多元化的人才体系、构建灵活的用人制度，才能把优秀的人才吸引过来，才能解决主流媒体目前在平台建设和内容生产方面的诸多问题。比如，一些主流媒体客户端目前不能基于用户喜好推荐新闻，那我们就可以采用双聘机制聘请最优秀的产品经理，从技术层面解决用户需求，采用外部稿酬体系来保证平台有足够的新闻内容可以分发。人才体系构建不仅影响主流媒体融合发展进程，还关系到主流媒体传播影响力的提升。因此，应该从战略高度加以重视，构建适应主流媒体融合发展的人才体系，建成一支协同高效、勇于创新的新时代新闻人才队伍。

另一方面，在媒体融合向纵深发展的新的历史机遇期，主流媒体应在改革和完善各项体制机制的基础上，在人才培训、人才管理、薪酬制度等方面不断调整，激发职工潜能，吸引优秀人才加入，从而为媒体的人才发展创造良好的环境。

创新人才管理模式，从人员管理、人才评价、选拔任用、岗位体系、薪酬管理等方面搭建全新的管理体系，鼓励人才想干事业，保障人才干成事业。为促进人才成长、发掘人才潜力、激发人才活力提供公平、公正、公开的发展平台。

改革和完善职工教育培训体系，建立起以岗位培训为核心、业务素质培训为平台、涉外培训为特色、干部锻炼培训为补充的模块式职工教育培训新体系。加强与国际主流媒体的合作培训，提升人才培养的国际化与专业化，造就一支眼界开阔、知识全面、作风严谨、业务精通、结构合理的全媒体人才队伍。只有这样，我们才能不断生产出抓住用户眼球、满足用户需求的独家内容,在国际上发出中国声音,讲好中国故事,建设具有国际一流传播能力的现代化传媒航母。

### 三、行动上:多途径全方位培养全媒体人才

以平台化、移动化、智能化为标志的媒体深度融合已势在必行,主流媒体必须运用互联网思维,厚植互联网根基,培养有使命担当的全媒体人才。这一点应自上而下地深入贯彻,各级领导干部要主动适应信息化要求,强化互联网思维,善于学习和运用互联网。新闻工作者更是要不断观察学习,在工作中运用互联网思维打造爆款产品,比如2017年"两会"期间,央广的热门H5产品《王小艺的朋友圈》,2017年建军节,人民日报客户端的爆款H5《快看呐!这是我的军装照》等,无不是互联网思维的产物。

首先,推动员工提升全媒体素质。鼓励引导记者、编辑、主持人向全媒体人才转型,强化对新媒体工作人员的职业道德、舆论导向把关的教育,确保新媒体舆论导向正确;开展定期或不定期的新媒体采编业务轮训,以进一步开阔视野,提升技能;加快培养或引进诸如大数据分析师、视觉工程师、平台架构师等移动互联网专技人才;改革传统媒体的人才评价标准体系,建立覆盖全媒体的科学考核机制。

其次,加强对员工的全媒体技能培训。全媒体时代,传统的专业知识界限、专业技能界限都在被突破,主持人、记者与编辑都要向全能型媒体人才的方向发展,培养自己的全媒体思维与技能。例如,邀请学界和业界的老师对员工进行培训,定期组织学习团队前往其他主流媒体和领军商业媒体调研,等等,将全媒体技能的应用水平纳入考核

机制。

再次,吸纳新媒体人才。通过与高校的定点合作定向培养学生,公开面向社会招聘互联网人才,引进海外留学人员,在待遇和晋升上提供相对优厚的条件。此外,还要提升记者的国际传播能力和社交媒体运用能力,可通过雇用当地记者以及对驻外记者进行专项培养等方式,以最合理务实的方式实现精准传播,提升对外传播水准。

最后,加强智库建设。依托外部智力资源,与业界、学界、商界加强深度合作,共同打造融合发展的智库队伍。通过阶段问诊、会议研讨、课程培训等方式,为融合发展提供持续的智力支持。

## 第三节　经营理念:技术引领　多屏互动

电视时代,电视台只要做好内容,经营好大屏就可以高枕无忧,但在"不是人找信息,而是信息找人"的新媒体时代,危机已经到来。大屏用户和广告收益都在不断地被互联网商业巨头分走,而移动端建设又相对滞后,无法把大屏用户聚拢到自有平台,无法以固有优势实现平台盈利是主流媒体当前最大的痛点。因此,如果不改变经营理念,主流媒体就不能实现长足发展。

在这个技术是基石、平台是重点、内容是核心、用户是关键的互联网时代,引进先进技术,打造强大平台,强化用户意识,创新内容生产及分发应是主流媒体发展的重点。只有牢牢把握先进技术的生产力,吸引广大用户,永葆内容生产的核心竞争力,主流媒体才能继续在媒介技术日新月异、舆论环境复杂多变的生态环境下牢牢占据舆论引

导、思想引领、文化传承、服务人民的传播制高点,拥有主流媒体强大的传播力、影响力、引导力和公信力。

## 一、加强平台建设,实现多屏互动

随着5G、大数据、人工智能等技术的不断发展,移动媒体已经进入飞速发展的新阶段。因此坚持移动优先战略,建好、管好、用好自己的移动平台就变得尤为重要。目前主流媒体新媒体平台存在技术落后、内容匮乏、用户体验差的问题,我们的平台建设应着重解决以上问题。

首先,新闻是主流媒体移动端的主要业务,优质新闻内容是主流媒体移动端的立身之本,因此主流媒体应顺应媒介发展规律和新闻传播规律,整合内容资源,实现数字化上传,创新适合移动传播的新闻产品,丰富平台新闻内容。一方面,对于主流电视媒体所拥有的丰富的新闻影像资料,怎样在移动端用好这些史存新闻资料是不容回避的问题。主流媒体移动端应通过大数据分析用户画像,根据用户的观看习惯、喜好等建立数字化新闻影像资料的大数据资源库,然后在此基础上打造适合平台传播的短视频,并通过算法推送给用户,为用户提供更大的价值以增强用户黏性。另一方面,主流媒体移动端应创新移动新闻产品,重点打造符合主流媒体水平的精品新闻内容,创新新闻表达,丰富内容形式,尝试推出直播新闻、互动新闻、可视化新闻、大数据新闻、机器人新闻等多种样式和形态的移动新闻产品,并注重移动信息传播效率,针对同一新闻主题,一方面实现即时采集推送,另一方面深挖信息,多层次满足用户需求。

其次，主流媒体移动端应充分利用技术赋能，搭建智能化平台。5G、大数据、云计算、人工智能、物联网等新技术的发展为建设新型智能化平台提供了前所未有的便捷条件，用主流价值观引领算法是党对主流媒体融合发展的要求，因此主流媒体移动端可以搭建自有智能终端，采集用户阅读习惯、生活方式等相关数据，通过互联网采集、接口导入、历史数据导入、远程汇聚等方式，将内部资源、互联网资源、第三方资源等汇聚到大数据资源中心，建立起属于自己的用户大数据资源体系和大数据资源平台；通过把握不同用户群与潜在用户的需求，在人工监控下利用算法实现精准投放，从而建立与用户的连接，增强用户黏性。

最后，主流媒体移动端应立足大屏，发力小屏，实现多屏互动，全效传播。互联网场景下，用户的注意力从某一屏幕拓展到各个屏幕，因此主流媒体要大力延展渠道与平台，建构跨屏生态，最终走向无屏化，实现全场景全覆盖。我们应根据电视、电脑、iPad、户外大屏、移动屏的特点打造既相互联系又各具特色的内容，让用户既能通过多屏获取信息又能在不同渠道有新收获。同时我们还应通过各种运营活动促使用户参与多屏互动，注重将各渠道用户往移动端引流，打造符合时代和用户需求、新增用户多、用户留存率高的移动平台，更好地建设现代化的新型主流媒体。

## 二、强化用户思维，提高内容生产力

以用户为中心是新媒体运营的核心，用户不再只是信息的被动接收者，更是信息的生产者，谁拥有了用户，谁就拥有传播价值和商业价值。互联网时代,强化用户思维,以平等的姿态加强与用户的互动,引导用户参与内容生产是主流媒体提升内容生产力的必由之路。

首先,利用大数据资源库分析用户画像,在此基础上了解用户的兴趣爱好、生活习惯、消费观念、收视特点等,为我们的内容生产、传播、广告植入等提供更为精准的参考依据。与传统的节目播出之后的收视调查不同,用户画像前置于内容生产。在节目策划生产前期,将画像结果精准导入用户需求,内容产品可根据多数用户的意向来打造,最终定向推送用户并产生价值。在此基础上,我们还可以通过对收视数据的深度分析,从宏观上把握受众的收视习惯与偏好,从微观上捕捉受众的兴趣点、兴奋点、动情点,从而改进节目的叙事节奏和整体设计,使节目吸引更多受众。

其次,用活用户资源,刺激用户生产内容。互联网用户从最初的内容观看者到评论发布者,最终发展成为内容生产者。用户参与内容生产是新媒体时代的一个特色,同时也是传统媒体融合发展,提升内容生产力的必经之路。资讯类短视频平台梨视频在国内开创了全民拍客时代,人人都可以成为新闻的目击者、记录者、播发者,还可因此获得高额报酬。所以在短短几年内,梨视频的日更新闻量就超越了多家主流媒体移动端。

相比梨视频,主流媒体移动端的内容生产更具有专业性、权威性,但需要密切关注梨视频的崛起对聚拢自有用户到自有平台的影响。面对这种情况,主流媒体移动端应转变思维方式,认识用户价值,重视用户的生产能力,仿照商业媒体的运作模式,搭建新闻收集与分发平台,配合与之相适应的薪酬体系,通过来稿付费机制刺激用户参与新闻生产,着力培养一批具有强大生产力的全球拍客。只有这样,才能多途径应对商业媒体在日更新闻量上给主流媒体带来的挑战,实现专业内容生产与用户内容生产的有机结合,大大提高内容生产力。

最后,运用互联网思维创新话语表达体系。互联网用户的自主性决定了他们不必像传统媒体受众那样被动接收信息,因此改变主流媒体长期以来僵硬刻板、曲高和寡的话语体系也是提升内容生产力的重要途径。主流媒体应在守正创新的前提下,细究互联网话语表达习惯,利用新技术手段结合互联网话语表达方式打造"上接天气,下接地气"的爆款产品。

此外,主流媒体还可以尝试将互联网的 IP 思维应用于新闻生产的话语表达创新中,尝试运用创新策略与互联网语言将主流意识形态与时政内容进行包装并立体输出,打破僵化的刻板印象,打造创新型政治品牌 IP;基于互联网双向互动的特征,塑造人格化的政治形象,以游戏化的话语表达和语言风格,催生视觉化的多媒体报道,实现互动化的 IP 粉丝经济;转变官方话语表达方式,使其更贴近民间话语体系,拉近官方舆论场和民间舆论场的距离,推动更多更好的内容产生,吸引更多的用户关注,提升用户黏性。

**三、重视技术引领,促进产业联动**

习总书记在 2018 年全国网络安全和信息化工作会议上强调,"核心技术是国之重器,要加速推进信息领域核心技术突破,遵循技术发展规律,做好体系化技术布局,优中选优,重点突出"。当前,媒体在智能化、社交化和移动化的方向上不断深化演进,媒介格局更加复杂。

能否抓住前沿科技带来的发展契机,布局前沿科技,向高科技要生产力关乎主流媒体未来的发展。5G时代即将到来,主流媒体应紧紧抓住5G时代来临的历史性机遇,率先开播4K超高清频道,建设5G媒体应用实验室,在全国"两会"、春晚等重大报道中率先使用5G直播。5G＋4K＋AI＋VR的智能化媒体布局在重塑制播流程的同时,也将革命性地升级用户的屏幕视听体验,重新定义用户消费场景。

人工智能是新一轮科技革命和产业变革的重要驱动力量,深刻认识和加快发展新一代人工智能技术具有重大意义。媒体应积极布局,将人工智能与媒体发展深入融合,紧跟时代潮流,实现全业务、全流程、全网络从数字化向智能化的战略转型。

在媒体社会化、受众海量化、传播移动化、经营差异化、发展融合化的背景下,广电行业面临更大的挑战。"AI＋广电"是面向传媒行业采、编、播、审、存等全业务流程应用场景,通过人工智能技术推动广播电视领域在内容生产、终端服务和安全监管等方面的融合创新,打造集智能、沉浸、交互于一体的媒体新生态,这无疑将助力广电媒体从融媒体向智慧媒体跨越。

此外,还应重视开发、利用大数据价值。大数据不仅仅是技术,更是与新的应用场景和产业链结合的运营模式和商业模式。在媒体融合中,大数据与内容生产和管理决策全流程衔接,承担着节目生产、媒体运营、广告投放、整合营销、智能推送、商业变现、产品推介、传播分析、影响力评估、运营决策、媒体智库等重要功能。同时,大数据还可以辅助实现全媒体绩效考核。从商业运营角度看,可以通过以下大数据系统的开发实现增值服务:搭建大数据平台,建立媒体内容大数据和用户服务大数据系统,构建从内容采集、制作、审核、发布到传播的全流程大数据分析体系。这是一个包括新媒体、政务服务、行业应用、电子商务、信息化管理等在内的全产品大数据分析体系,可以满足用户服务大数据在生产运营支撑、用户产品服务、网络运行管理三个方面的应用需求,实现产品间的用户互通,形成真正的用户共享、内容共享与数据互通的新媒体产品矩阵。

**四、重构生产体系:移动优先,全员全媒体**

强调传统媒体和新兴媒体"融为一体、合而为一",意味着既不能按媒体属性简单地"分"开来做,台、网、微、端各搞一摊,也不是把采编发各环节简单地"统"起来。在深度融合过程中,内容生产的力量和资源可以有统有分,"分"就是按业务领域分设时政、经济、文化、国际新闻等编辑部门;"统"就是改变台、网分办的做法,让这些按领域划分的编辑部,既负责电视的内容生产,又管理网站、"两微一端"的频道内容。

根据"统""分"结合的思路,媒体需按照互联网思维优化重组业务部门,重构"策采编审发"业务流程。编委会(指挥调度中心)是整个"策采编审发"的领导层和核心层,负责宣传任务统筹、重大选题策划、采编力量指挥等。

比如,需要在编委会的领导下,成立全媒体采集中心和编辑中心。把所有采编人员聚合在一起,实现全员全媒体,在采集中心实行统一报道部署、统一策划主题、统一组织采访;编辑中心统一编发稿件,从内容层面支持全媒体组合编排,实现视频、图文交叉叠加;坚持移动优先原则,通过考核机制鼓励记者首发新媒体,一次生产多次包装发布,全媒体运作;合并原来属于不同媒体的同领域业务板块,进行多个平台的内容分发,最终形成全媒体平台的全方位、立体资讯服务发布体系。另外,需要通过再造内容生产流程,更好地承担起媒体融合的采编调度、统筹协调、信息集成、内容发布以及导向把控等职能。

## 第四节 盈利模式:打破僵局 多元创新

传统媒体的盈利模式比较单一,一般是以"二次售卖"为主,即通过将信息提供给受众实现一次售卖,再把受众的注意力销售给广告商实现二次售卖。但是随着新媒体的发展,传统媒体的受众注意力已被新媒体大大转移,因此以"二次售卖"为主的盈利模式难以为继。虽说有些主流媒体目前广告收入仍然不菲,但是随着技术的不断发展,广告商们只会越来越喜欢将钱投在可以利用大数据精准定位目标用户、直接实现用户引流的新媒体平台上,而不会再像以前一样选择传统媒体做效果含糊不清的产品广告。所以主流媒体移动端应在坚持正确舆论导向的前提下改革创新盈利模式,为全国各级传统媒体在融合发展过程中实现盈利提供可借鉴的范本。

### 一、创新广告模式

互联网时代,用户的注意力是稀缺资源,因此媒体能否盈利主要取决于其是否拥有足够多数量的自有用户。想要聚拢用户就必须有一体化的媒体平台,之前有的主流媒体的移动端平台内容功能不够强大,体验感差,无法把用户稳定在一个获取信息的主渠道上,因此流失了很多从传统媒体转移过来的用户,以至于这些客户端和两微平台至今也不能像其他商业新媒体平台一样,每年实现巨额盈利,反而将自己数量庞大的用户分给了其他的新媒体平台。

首先,创新广告模式必须以打造功能强大、内容丰富、用户数量多的自有平台为基础。如上所述,一方面要建设自有平台,提高内容生产力,把更多的用户聚拢在自有平台上;另一方面则应强化用户思维,通过为用户提供更有价值的信息、增强与用户之间的互动、注重用户服务来增强用户黏性,避免用户流失。有了庞大的用户我们就可以改革创新广告二次售卖的盈利模式。在过去渠道为王的时代,电视凭借其强大的传播力赢得了大量受众,吸引了各类广告商纷纷来投放广告。与之前不同的是,现在售卖广告资源,广告商更注重可以数据化的广告投放效果,因而主流媒体移动端必须以自有大数据资源库为技术基础,用数据作支撑,通过分析受众的兴趣爱好、生活习惯等得到精确的用户画像,用技术手段实现精准投放,用可以量化的广告效果刺激广告商来投放广告。

其次,还应采用更多更先进的广告售卖模式和广告定价模式,传统电视媒体分时段计时收费或按节目收视率、收视时段贩卖广告位的方式比较单一,已经不适合互联网广告投放的情境。在互联网场景下,技术的进步使得广告的投放模式更加多元,应利用技术手段在平台端尝试更多种广告投放模式,比如,除了传统的品牌冠名广告、产品广告,我们还可以尝试网感十足的内容植入广告、图标广告、信息流广告、开屏广告等,并尝试使用互联网常用的计价方式来科学收费,如

CPC、CPM、CPD、OCPC 等。

再次,在短视频风靡的时代,流量变现也可以成为新闻移动平台收入的重要组成部分。流量变现分为两种,一是流量分成模式,短视频因所费流量不多,被点击、转发、观看的频率大为增加,这些短视频聚少成多,源源不断地形成巨流量,平台就可以通过流量与电信运营商进行利润分成;二是流量引流模式,将巨流量引流至电商或游戏平台,庞大的流量加上电商与游戏类广告主的庞大需求,使得商业价值想象空间巨大。流量即访问量,是移动平台用户活跃度的重要衡量指标之一,因此,流量变现模式与广告模式同属一类,是对受众注意力资源的开发利用。互联网商业媒体平台十分注重通过各种手段获取用户、留存用户、召回用户,用户即盈利,因此主流媒体移动端也要向互联网公司学习在新媒体时代怎样做好内容运营、用户运营、活动运营,提高用户流量,提升互联网广告收入。

最后,主流媒体移动端应重视 IP 经济及其盈利模式。IP 是 Intellectual Property 的缩写,本意指知识产权或知识财产。IP 经济指以高人气的知识产权作品为基础,通过创作文学、游戏、动漫、电影、电视节目、电视剧等系列衍生品来盈利的经济模式。IP 盈利模式是粉丝经济的表现形式之一,只不过明星经济、网红经济是以人为"吸附核"来吸引粉丝的,IP 经济则以内容创意为"吸附核"吸引粉丝。"文本能否成为人们追捧的对象,关键在于文本是否具备能够吸引受众的内容以及其内容元素能否在受众的反复观赏中保持不断的延展。"①

---

① 西咸新区管委会.2017 中国 IP 产业年度报告[EB/OL].(2017-11-13)[2019-10-21]. http://wenku.baidu.com/view/af06ae69591b6bd97f1922791688884686662b81c.html.

IP 经济的盈利模式本质上是第三重销售,即衍生品销售,传播者利用内容生产创建 IP 资源,并对已获得大量受众注意力的优质 IP 资源进行多品类开发,将其打造为影视剧、游戏等多种衍生品以获取利润,其起点是 IP 资源,基础是受众注意力,运作的关键是衍生品开发。本质上,"文化产业链的大部分领域均可看作 IP 在不同阶段或不同层面上衍生出的不同产品形态"①。IP 经济是利润乘数模式在新媒体时代的最新演绎。

**二、落实会员付费模式**

付费观看模式,也是内容生产类平台的主要盈利模式。视频类平台主要通过购买优质版权、自制网络剧等方式打造出优质内容产品进行销售,其收入类似于电影的票房,主要为充值会员付费或点播付费。2007 年,苹果、亚马逊等公司都开发了数字付费下载业务,Netflix 推出了付费后将电影直接传输到用户电脑上的革命性概念,彻底改变了人们观看视频的方式,这是视频付费观看的开始。2010 年,国内的优酷、乐视、爱奇艺、迅雷等各大视频网站也开始试水付费业务。2013 年、2014 年国家打击盗版的力度不断加大,为视频行业付费会员规模的快速增长营造了一个良好的环境。2015 年下半年,会员付费规模进入爆发式增长期,这主要得益于付费内容以及付费模式的创新。2019 年 5 月,爱奇艺和腾讯视频的付费会员数量分别突破 1 亿。

除内容之外,服务也是视频网站付费会员权益和价值的核心所

---

① 库克,杨帆.《基督教科学箴言报》的战略转型:从纸质到网络[J].中国报业,2008(12):59-61.

在。与视频网站一样,短视频平台也推出了付费模式,不过不是付费购买模式,而是付费打赏模式,如果用户觉得好,看着喜欢,就可以通过赏钱的形式来表达对节目的赞赏。付费观看模式增加了会员、点播、打赏等变现形式,超越了传统电视台,实现了对第一重销售过程的重新发现与恢复。

主流媒体也应该思考什么样的付费模式才是适合其平台定位与平台调性的。首先,就目前来看,主流媒体的新闻不可收费分发,但是昨天的新闻就是今天的历史,电视媒体自建立以来,生产了无数高品质的新闻内容,这部分内容是其他平台所不具有的。电视媒体可以将历史存档内容进行数字化上传以丰富平台内容,建立新闻史料库,这部分内容就可以成为付费内容,可设置分集付费,也可全部付费观看,在满足部分用户需求的情况下获得盈利。其次,对于依赖全球拍客体系生产的 UGC 内容,用户除了观看还可根据个人喜好对内容创作者进行打赏,电视媒体可像直播平台那样从用户打赏中抽成,实现收益。最后,主流媒体还可依靠其公信力筛选产品,搭建平台商城,配合积分体系,将优质产品以低价卖给用户,既可增强用户对平台的依赖度,又可实现盈利。

以上几种内容付费模式在某种程度上可能会增加用户的抵触心理,因此在内容付费的基础上,主流媒体移动端应该嫁接相应的服务,让用户更加愿意为之付费。例如,湖南卫视的芒果 TV 的会员功能就迎合了受众需求:开通会员,即可抢先观看电视剧或是自制的独家花絮。这种形式的服务,使得受众的自愿性更强,同时也有利于加强电视媒体与受众的连接。通过这种形式,不但可以拓宽自身的盈利渠道,而且也能增加用户的黏性。

## 三、实现跨界布局产业链模式

媒体应积极通过跨界合作和产业联动等方式,与产业上下游、社会各界深入合作,在政务服务、媒体电商、版权开发、产业拓展等领域积极探索,打造新的产业模式,以此提升其生态链接力,加快建设新型主流媒体的步伐。

首先,我们打造新的传播生态链需要充分发挥媒体融合发展的整体优势。就目前来看,主流媒体可继续坚持一体化的发展方向,加强内部资源整合,充分发挥技术资源对全媒体产业链的加成作用,推动媒体融合从"横向相加"到"纵深相融",以实现信息内容、技术应用、平台终端、人才队伍的共享融通。例如原"三台"(中央电视台、中央人民广播电台、中国国际广播电台)在视频传播、音频传播和国际传播上各有专长,一方面应善用其长,通过符合平台及受众调性的差异化报道,全方位满足受众需求;另一方面亦要促进"三台"的新闻产品差异互补,逐步形成多样态产品矩阵的品牌效应。在加强资源整合的努力下,我们要探索能打破其壁垒、促进其协同创新发展的深度融合的新路径、新机制,推进其形成资源集约、结构合理、差异发展、协同高效的全媒体传播体系,努力创造出合作共赢的新局面。

其次,在新的媒体生态环境下,传统广播电视行业的产业生态链已经不具有可持续性。广电行业面临的挑战之一就是如何重新聚合场景化的用户群,如何生成全媒体产业链,如何跨界布局全业态,从而扩大市场占有率,增强核心竞争力,提升传播力、影响力、公信力和引导力。

媒体和科技的整合与融合是未来信息与传媒行业的发展趋势。顺势而为，构建后广播电视时代的全媒体生态，焕发主流媒体的生命力意味着从内容生产、传播到产业发展，都需要与商业媒体巨头、通讯行业头部公司跨界合作，如将主流媒体的媒体优势与互联网新媒体巨头阿里巴巴、百度、腾讯、字节跳动的平台、技术及创新优势结合起来，着力提升主流媒体的融媒体制作能力，充分激发全媒体融合阵地联动效应，打造全新的产业生态链，实现新型主流媒体的长远发展。

目前中央广播电视总台与中国移动等的各项合作刚刚开始，未来还会有更多的开放合作举措。电视新闻移动端抓住机遇，广开合作，跨界布局，拥抱互联网巨头公司，符合行业发展规律，也符合媒体融合发展大势。在与多方合作中吸取经验、深化改革，完成生产、传播、营收等创新发展是打造全新产业生态链的重要举措。

最后，打造全媒体产业链对于形成健康的媒介生态和市场环境非常重要，因此主流媒体除了与商业媒体合作外，更应探索与其他产业的跨界合作，从"一业为主"向"多业经营"转变，利用主流媒体现有的媒体优势资源进行相应的产业化延伸，借助其强大的品牌影响力和用户基数与其他产业跨界合作，实现多元营收，促进新型主流媒体的发展，提升其生态链接力。

电视新闻移动端应着力打造"入口＋内容分发平台＋渠道传播全平台＋云端"的全新传播生态。在这个过程中，利用上游公司整合资本市场资源和内容资源，在下游整合电视网络资源和电视广告业务，跨界整合网络视频播出平台、电商平台，以期形成较为完整的产业链，提升主流媒体的生态链接力。

# 第四章 何为主流媒体的立足点、发力点与创新路径

面对新媒体迅猛发展、传统媒体用户大量转移的全新媒介生态，主流媒体坚守党的舆论阵地，纷纷走上融合转型的发展之路。习近平总书记对主流媒体融合提出期许："推动媒体融合发展，要坚持一体化发展方向，通过流程优化、平台再造，实现各种媒介资源、生产要素有效整合，实现信息内容、技术应用、平台终端、管理手段共融互通，催化融合质变，放大一体效能，打造一批具有强大影响力、竞争力的新型主流媒体。"[①]

中央主流媒体牢牢把握传统资源、技术、人才优势，并打通信息传播生态链，深入布局全媒体传播网络。但是，面对复杂变幻的国际国内局势、媒体环境，主流媒体在深度融合发展过程中，依然面临诸多挑战，如何做大做强主流媒体，生产人民喜闻乐见的内容产品？如何细化用户市场，增强用户互动体验，让内容产品最大限度地触达用户？主流媒体应对挑战、扩大主流价值版图的立足点、发力点和创新路径

---

① 习近平1·25谈媒体融合发展十大"金句"[EB/OL].(2019-01-26)[2019-11-01].http://media.people.com.cn/n1/2019/0126/c14677-30591465.html.

有哪些？本章拟从舆论引导、突发事件报道、重大事件报道、话题传播几个方面来探讨。

## 第一节 新闻舆论工作：构建现代传播新格局的立足点

### 一、舆论引导：激浊扬清 唱响主旋律

党的新闻舆论工作是党的工作的重要组成部分，是治国理政、定国安邦的大事。伟大的时代需要牢固的意识形态凝心聚力，崇高的事业需要强大的主流舆论一锤定音。① 十八大以来，我党的新闻宣传工作取得突破性成就，主流媒体作为党、政府、人民的耳目喉舌和舆论工具，成为新时代政策主张的传播者、时代风云的记录者、社会进步的推动者、公平正义的守望者。

新的时代，主流媒体面临着新的舆论宣传形势。在习近平总书记的领航下，新时代的中国正朝着实现中华民族伟大复兴的目标奋力前进，新闻舆论工作也处于重要的机遇期。但与此同时，我们也不能忽视激荡的社会环境。我国进入改革发展、攻坚克难的深水区，社会问题频发、境外势力干扰、意识形态波动等社会矛盾不容忽视，稍有不慎便会掉入陷阱。此外，互联网持续强势发展，成为思想交汇和舆论碰撞的主要空间，同时也成为主流媒体舆论引导工作需要面对的最大难题和最大变量。基于此，在新的时代下，主流媒体立足国家战略、大政

---

① 高晓虹，王婧雯.激浊扬清做好主流舆论压舱石 守正创新构建舆论引导新格局[J].电视研究，2019(2)：4-7.

方针,做好舆论引导工作,激浊扬清,凝心聚力,把全社会团结在奋力实现中华民族伟大复兴的征途上,变得至关重要。

2018年中央电视台建台60周年之际,习近平总书记在贺信中对中央广播电视总台提出"统筹广播与电视、内宣与外宣、传统媒体与新兴媒体,加强国际传播能力建设,锐意改革创新,壮大主流舆论,努力打造具有强大引领力、传播力、影响力的国际一流新型主流媒体"[①]的明确要求。中央广播电视总台作为国家最重要的舆论传播阵地,深入贯彻习近平总书记重要指示,将"5G＋4K＋AI"战略布局作为总台融合升级的"发动机",着力提升新闻舆论传播力、引导力、影响力、公信力,引领开拓新型主流媒体旗舰之路,在全国主流媒体中发挥了标杆示范作用。

随着媒体融合向纵深发展、新型融合媒体平台建设逐步深入,应发挥主流媒体平台影响力,打造新型舆论场,占领舆论高地;聚焦主题主线精品内容打造,以产品促传播;打造全产业传播生态链,跨界、跨域合作,汇聚各方能量,实现舆论引导效果最大化。

## 二、舆论引导创新策略

### (一)打造传播生态链　占领舆论高地

新媒体的发展导致舆论格局的变化,主流媒体积极探索互联网发展规律,主动出击,通过搭建自有平台、广泛开展区域合作,打造传播生态链,占领舆论高地,对舆论引导工作意义重大。

---

① 奋力打造国际一流新型主流媒体[EB/OL].(2018-09-27)[2019-11-01].http://www.sohu.com/a/256523851_99956803.

1.三台三网加速融合 打造现代传媒航母

2018年4月19日,中央广播电视总台正式揭牌。总台按照"台网并重、先网后台"的发展思路,持续有序推进"三台三网"加速融合。

三台合并打破了各自技术、资源优势壁垒,央视网的全网融合传播链接力、视频技术能力,央广网的音频制作能力,国际在线的国际传播能力和影响力,将得到极大融合,形成裂变效应,更高质量地完成中央交给的任务。中央广播电视总台依托"三台三网"平台、技术、内容、渠道等优势,聚力提升平台辐射力、影响力,打造融合传播矩阵,畅通信息传播网络,突破"圈层"壁垒,广泛触达用户;提升内容创造力,集合各台人才优势,打通内容制作链条,打造优质融媒产品,以产品促传播;提升技术创新力,深入贯彻"5G+4K+AI"发展架构,构建智慧型媒体平台,创新新闻报道形态,让发展成果真正春风化雨、触及人心,通过资源聚合、用户聚集、平台聚力,打造国家级现代传播航母,进而在激烈的市场竞争中拔得头筹。

2.区域合作 打造舆论引导矩阵

数据显示,截至2019年4月,中国三四五线城市及广大乡镇农村地区的移动互联网用户占移动网民总数的52.9%;下沉市场月活跃用户规模维持在6.7亿左右,占整个移动互联网超一半的用户份额,将成为互联网时代新的价值洼地。①

主流媒体应抓住"下沉市场"机遇,积极开展区域合作,聚合各地资源,打造舆论引导矩阵。2019年2月19日,中央广播电视总台"全

---

① 下沉市场"图鉴"[EB/OL].(2019-07-19)[2019-11-01]. http://www.199it.com/archives/893062.html.

## 第四章 何为主流媒体的立足点、发力点与创新路径

国县级融媒体智慧平台"正式上线,从节目研发、技术支撑、内容分发、媒资共享等方面为县级融媒体中心赋能,助力县级融媒体中心形成渠道丰富、覆盖广泛、可管可控的移动传播矩阵。① 2019 年"两会"期间,央视新闻联合"全国县级融媒体智慧平台"共同打造《我给两会带个言》特别节目,520 家矩阵号辐射全国,反映百姓关切,把中央的声音传给百姓,把百姓心声带上"两会"。

(二)创新主题宣传　以产品促传播

内容创新是舆论引导的基石。主流媒体的舆论引导工作必须围绕党和国家的战略布局、中心工作展开。立于时代潮头、见证时代发展、抒写时代故事,主流媒体要发挥好沟通党、国家和人民群众的桥梁、纽带作用,让党和国家的声音有效下达,人民群众的呼声及时上传,为党和国家的发展大局打造良好的舆论生态。

1.聚焦国家战略　坚守社会责任

党的十八大以来,习近平总书记多次就精准扶贫做出重要指示。2018 年,脱贫攻坚、精准扶贫进入关键一年,作为党的意识形态重镇和国家广播电视台,总台坚守国家媒体的社会责任和担当,聚力打造"广告精准扶贫"项目和"国家重大工程公益传播"工程。这是总台贯彻落实习近平总书记关于精准扶贫重要指示的具体实践,是总台坚守社会责任、把社会效益放在首位的具体体现。在广告精准扶贫项目中,总台采用大屏和小屏联动"作业",大屏端建设品牌信誉,小屏端促进产

---

① 中央广播电视总台"全国县级融媒体智慧平台"暨央视网新版全终端正式上线[EB/OL].(2019-02-20)[2019-11-01].http://m.people.cn/n4/2019/0220/c3522-12352639.html.

品变现,精准发力、配合默契,达到了良好的扶贫效果。

此外,立足于文化强国战略,总台打造了系列精品文化类综艺节目,融思想之美、艺术之美、文化之美,为人民群众提供了丰富的精神食粮,坚定了文化自信。《朗读者》《经典咏流传》《中国诗词大会》《国家宝藏》等文化类综艺节目广受欢迎,从电视呈现走向全网传播,从大屏走向小屏,频登微博热搜榜,引发全民关注,受到广大网友的喜爱和追捧。同时,总台作为主流媒体旗舰,承担着舆论监督的责任,针砭时弊、激浊扬清,营造清明的社会环境责无旁贷。《新闻调查》《新闻1+1》《焦点访谈》等视听舆论监督、新闻评论、深度调查品牌栏目,强化了媒体权威性、公信力,赢得了群众信赖。

2.创新节目样态　打造融媒爆款

在"守正"的基础上"创新",在"创新"的过程中"守正"。许多主流媒体移动端基于互联网传播规律逐步进行长视频改短视频、大屏变小屏、横屏改竖屏的转化,逐步开启严肃新闻表达转向情感化表达的探索,极大地创新了新闻内容样态,生产出一批人们口口相传的"爆款"产品。

中央广播电视总台依托央视新闻、央视频、央视新闻移动网等自有平台,打造了具有融媒体内容特点、适合移动端广泛传播的系列主题主线宣传产品,"央视快评""国际锐评"聚焦时政评论和国际问题评论,准确把握舆论引导及舆论监督"时度效",以"真、短、快、活、强"的特点,在全网及时、广泛传播。"央视快评"的单条博文阅读浏览量最高超过1亿人次。总台依托独家音视频资源优势和融媒体平台优势,打造了"独家V观""时政新闻眼"等时政类融媒体产品,聚焦世情国情社情的方方面面,收获了良好口碑。这些移动端产品制作轻量、内容新颖、传播便捷,能顺应互联网传播特点及用户使用习惯,迅速触达网民,形成快速传播,对于未来全面掌控互联网舆论场具有重要战略意义。

(三)升级智慧媒体　激发舆论引导活力

中央广播电视总台紧紧围绕建设国际一流媒体旗舰的目标,以新闻为龙头,以视频为重点,以用户为中心,实施移动优先创新驱动战略,通过大屏带小屏、小屏回大屏、多屏连受众,打造"智慧融媒体",初步形成"融机构、融机制、融产品"的融合发展格局,建成"多终端、多语种、多产品、多平台、全覆盖"的融合传播体系,从"相加"迈向"相融",取得显著成效。①

1.AI+大数据　再造传媒生态

习近平总书记在十九届中央政治局第十二次集体学习时提到,要"探索将人工智能运用在新闻采集、生产、分发、接收、反馈中,用主流价值导向驾驭'算法',全面提高舆论引导能力"。2019年"两会"期间,"人工智能"第三次出现在政府报告中,"深化大数据、人工智能等研发应用"的表述勾画出AI技术深度应用的未来蓝图。人工智能技术的深入应用将作用于新闻信息的选题策划、内容生产、终端传播等诸多领域,致力于打造集智能交互和沉浸体验于一体的媒体生态,助力总台向智慧型媒体升级。"两会"期间,央视新闻启用智能机器人进行

---

① 中央电视台副台长袁正明:大力推进"智慧融媒体"建设! 共同构建舆论引导新格局[EB/OL].(2017-12-01)[2019-11-01]. http://1118.cctv.com/2017/12/01/ARTI2VsdsP18p0jfPlq8h3PW171201.shtml.

"两会"报道，AI 主播、AI 记者的广泛下场，体现了总台人工智能研发应用的力度和决心。未来需深入挖掘 AI 重构内容生产全流程、传播分发全渠道的技术价值，推进总台由"融合媒体"向"智慧媒体"升级。

此外，总台还依托央视云和大数据建设成果，打造了融媒体新闻评论节目《中国舆论场》，通过对共计 1 万多个网站和 3500 万个账号/公众号的互联网海量数据进行抓取分析，确定节目选题，并实时监测热点舆情走向，依托"智能数据"，形成全媒体采集、制作、播出的闭环传播体系。

2. 全息媒体　互动体验升级

全媒体时代促成了全息媒体的诞生。全息媒体突破了过去以单纯的文字、图片、视频、图表等为主的信息呈现方式，依托人工智能、大数据、4K 高清、无人机航拍、H5、虚拟现实、增强现实等技术，重构新型的内容制作流程及产品呈现样态，产生了数据新闻、VR 新闻、AR 新闻、虚拟主播、H5 交互新闻、360 度全景等信息多元立体呈现方式。全息媒体聚焦用户的实际应用场景，着力打造融媒体产品，提升用户的消费、交互、传播体验。

2019 年春节期间，总台春晚首次实现 VR 超高清视频内容的 5G 传输；"两会"期间，创意 H5《一起看两会》、微视频《我是代表》等融媒产品广受好评；国庆期间，央视新闻新媒体推出原创 H5 交互产品"预约专属席位　全景观盛典"、H5 互动产品"央视新闻邀您正步走"小游戏，通过新媒体直播、游戏互动等形式，让用户突破场景限制，获得身临其境的观礼体验。这些充满创意的融媒产品，体现了全媒体时代信息生产智能化、信息传播碎片化、用户体验强交互的特点，实现了总台内容和形式创新的高度融合。

随着主流媒体由"融合媒体"向"智慧媒体"转型,新技术的探索应用、生产流程的再造、融媒体产品的打造、用户体验的全面升级应成为未来的主要发力点。

## 第二节 突发事件[①]报道:主流媒体新闻改革重要发力点

### 一、提升舆论引导力 加快供给侧改革

目前,我国社会转型发展正处于攻坚克难的关键期,各类突发新闻事件频发。除传统的自然灾害、事故灾害外,市场化体制及现代化发展进程中存在的不稳定因素所引发的公共领域安全风险、卫生安全风险等同样值得警惕。

人民网舆情数据中心统计显示,2019年上半年,舆情热度排名前十位的热点事件如江苏响水天嘉宜公司"3·21"特别重大爆炸事故、四川省凉山州木里县"3·30"森林火灾、四川宜宾长宁"6·17"地震、南方洪涝灾害、非洲猪瘟疫情、甘肃会宁凶杀案、"3·22"湖南常长高速客车起火事故等均引发社会普遍关注。就地域而言,公共突发事件涉及多个省市区;就性质而言,交通运输事故和企业安全事故较多;此外,涉及医疗卫生领域的事件及社会安全类事件等成为舆情高敏领

---

① 《中华人民共和国突发事件应对法》将突发事件定义为:突然发生,造成或者可能造成严重社会危害,需要采取应急处置措施予以应对的自然灾害、事故灾难、公共卫生事件和社会安全事件。

域,引发社会关切。① 由此可以看出,我国公共突发事件呈现出分布广,种类多,具有突发性、复杂性、危害性等特点,对新闻媒体应对舆情传播、发挥媒体社会责任造成极大压力。

应对突发事件是维护社会稳定的一个重要组成部分。公共突发事件发展速度快、影响广泛,短时间内就能引发公众关注,成为舆论焦点,具有极高的新闻价值,是新闻报道的重点,也是最能体现新闻本质的所在。同时,媒体的重大公共突发事件报道是政府危机公关处理的重要一环,体现了政府的公共服务能力和水平,对事件的动态发展和妥善解决起到巨大推动作用,因此极具现实意义。但统观全局,除突发事件本身的特性外,媒体的内外部环境也影响了媒体对突发事件的应对能力。一方面,新媒体的发展冲击着主流媒体的权威地位,引发媒介生态裂变。在应对突发事件的报道中,利益至上的互联网环境极易引发信息缺位、谣言四起、情绪焦虑、群体极化等诸多舆论次生灾害,让本就激荡的舆论环境更加错综复杂。另一方面,新闻媒体对突发事件报道中的角色和定位存在误区,偏向于把新闻媒体定位为公共突发事件的综合信息平台和舆论工具,忽略了新闻媒体的舆论引导和社会反思作用,②导致主流媒体针对公共突发事件的舆情应对能力难以提升。

基于此,以公共突发事件为抓手的供给侧改革成为主流媒体改革的重要发力点,也是新时代主流媒体增强舆论引导力,有效实现过渡

---

① 【人民舆情】干货来了!2019上半年突发公共事件的舆情应对这样做![EB/OL].(2019-08-13)[2019-11-01].http://www.thecover.cn/news/2482315.
② 黄宏纯.新闻媒体在突发事件报道中的角色与作用研究[J].传媒,2017(9下):88-90.

转型的破局关键。

**二、突发事件报道创新策略：全程聚焦　发挥平台链接力**

应对突发事件，媒体议题设置的差异、报道方式的差异及所形成的舆论环境等都极大影响了公众对社会重大新闻事件的认知态度和行为。因此，在公共突发事件发生后，主流媒体应即时有序传递信息，澄清谬误匡扶共识；抢占主流舆论阵地，引导公众回归理性，以此重构公信力，提升主流媒体舆论引导能力。

(一)全程聚焦　有序应对

2019年1月25日，习近平总书记在十九届中央政治局第十二次集体学习时提出"四全媒体"的概念，对目前信息舆论环境及媒体发展态势进行了深入阐释。其中"全程媒体"是指一个热点事件从发生到结束，无时无刻不处在传播的链条中。因此，在主流媒体进行公共突发事件报道过程中，突发事件的动态发展会引发媒介环境职能的变化。伴随着事件发展的不同态势，主流媒体应发挥信息沟通、舆情引导、社会反思等功能，全程聚焦，有序应对事态发展。

1.权威信源　及时应对

网络媒体已经成为社会舆论的"话题制造机"，因此"让真相跑赢谣言"是应对突发舆情的基本要求。主流媒体作为突发事件报道的重要信源，在事件发生之初要迅速反应，第一时间抢占舆论的制高点，在舆情处置的黄金时间里及时发出正面声音，和谣言赛跑，做到关键时候不失语。主流媒体在通过全媒体渠道链及时发布权威信息、回应公众关切的同时，能有效预防信息缺位、信息污染等问题。

在2015年"东方之星"号沉船事件报道中,央视根据事态作出准确研判,并立即启动重大突发事件新闻二级响应机制。央视新闻官方微博于凌晨2时52分发布独家新闻《一载有400多人客轮在长江湖北段倾覆》,成为此次事件中最快发声的权威信息发布平台。2019年10月10日6时许,江苏无锡市北环路附近一高架桥发生坍塌,央视新闻官方微博迅速反应,于19:40发出一条微博推文"♯无锡高架坍塌♯具体伤亡正在统计";3分钟后,央视新闻客户端报道了江苏无锡高架桥侧翻事故致3人死亡2人受伤,及时向公众公布了事故发生的基本信息及伤亡情况,回应了社会上纷纷扰扰的各种说法。

2.准确研判　引导舆情

据中国互联网络信息中心第44次《中国互联网络发展状况统计报告》,截至2019年6月,我国手机网民规模达8.47亿。基于此,微博、微信等社交媒体也得以快速发展,成为突发事件和公众热点议题的舆情发酵的关键性传播场域。但同时,互联网空间遍布的网络噪音、情绪陷阱等不稳定因素也严重扰乱了本就纷繁复杂的舆论场,削弱了主流媒体的权威地位及舆论引导力。因此,面对突发事件,除信息发布层面外,还应及时研判舆情发展走势,针对热点、敏感话题有序跟进,从不同层面进行立体呈现,引导公众舆论回归理性。

2015年"8·12"天津港特大火灾爆炸事故发生后,央视新闻在凌晨0时41分发布首条新闻,播报事故发生。之后的24小时内,央视新闻在微博平台上连续发稿50余篇,报道警方通报、事故原因、伤亡情况、救援现场情况等事件最新进展。在随后的10天内,央视新闻官方微博持续更新200余篇推文,从不同侧面、不同角度对事故进行了全方位报道,有效消除了网络噪音,避免了信息污染和舆论激荡,对后续事故调查及事故处理工作产生积极作用。

(二)跨界合作　发挥平台链接力

互联网的发展引发媒介生态质变,新闻生产者、传播者的边界不断延伸,同时承载信息的载体不断拓展,个人、媒体组织、政府机关、社会机构等都融入信息传播的生态链中,传统的主流媒体单向传播转化为多向互动、同频共振,构建出人人都是媒体、人人都有话筒的媒体生态新场域,并创造出巨大的舆论声量。面对全新的媒介生态,主流媒体若想发挥激浊扬清、匡正舆论的作用,必须借鉴新媒体发展经验,以开阔的胸襟连接各类市场主体,沟通四方,发挥平台链接力,促成构建优势互补、资源共聚、渠道融通、品牌共建、合作共赢的全员传播引导新格局。

1.平台链接　借力引导

2019年3月15日,新浪微博数据中心发布《2018微博用户发展报告》,截至2018年第四季度,微博月活跃用户增至4.62亿,日活跃用户增至2亿;2019年伊始,微信发布2018年数据报告,报告显示,微信月活跃人数保持在10.0亿用户上下,每天有450亿条消息在微信里传输;2019年8月24日,抖音第一届创作者大会在上海举行,宣布抖音日活跃用户量突破3.2亿。由此可以看出,社交媒体已成为热点事件第一引爆点及主要舆论场,拥有强大的平台优势、渠道优势和流量优势。因此,主流媒体链接社交媒体平台,合力提升突发事件报道力、影响力、引导力成为大势所趋。

在2015年的"东方之星"号沉船事件中,央视新闻频道和央视新闻官方微博进行了差异化融合报道,成为发挥平台链接力的典型案例。央视新闻官方微博抢先发声,于事故发生次日凌晨 2 时 52 分全球首发第一条权威事故信息,获得超过 14,000 次转发、1401 条评论及 857 个点赞,并引发全网关注。央视新闻频道紧随其后,与前方记者取得连线,并于凌晨 3 时,领先所有媒体在《新闻直播间》开启全程直播,全方位、立体报道该事件的救援情况。在此次事件报道中,央视发挥跨屏优势,借力大小屏进行全面报道,既抢先发声,"跑"在谣言之前,又持续报道、深入挖掘,对舆论起到了积极的正面引导作用。

2.深挖数据　准确研判

由于互联网数据的可记录性和海量性,大数据在当今的网络空间发挥了巨大作用。在媒体深度融合进程中,大数据不仅可以与内容生产相结合,重构新闻生产流程,还可以作用于舆论发展进程。合理利用大数据资源,深挖大数据价值,对于把控舆情发展态势、及时有效回应关切能起到重要作用。目前,大数据时代下的网络舆情监控体系已经初具市场规模,除了媒体自身加紧数据技术革新外,国内知名的艾瑞咨询、清博大数据、百度指数等专业数据机构依靠强大的数据技术资源,逐步深入舆情监测领域。主流媒体应借力数据公司的优势,实时监测全网信息,抓取数据源,通过数据筛选、模型建构和计算,发挥舆情预警、舆情追踪、舆情分析、舆情研判、舆情预测等功能,让主流媒体更好地掌控舆情发展方向及舆论引导突破口,把握好舆论引导的"时度效"。

3.PUGC 合作　通力报道

开放式的网络空间极大地刺激了互联网用户的增长,同时 4G、5G

第四章 何为主流媒体的立足点、发力点与创新路径

等通信技术的发展也为移动端用户自由上网提供了保障。用户随手上传的文字、图片、视频等信息，都可作为突发事件现场的一手信源。主流媒体应对庞大的网络用户进行整合及有效利用，突破信息获取边界，实现信源数量裂变式增长。

作为将 UGC 纳入信息生产流程的排头兵，新京报"我们视频"和梨视频表现出众。截至 2018 年 9 月，"我们视频"全网视频生产总数超过 2 万多条，直播场次超过 1000 场，月生产量达 2500 条，内容几乎涵盖了全部社会热点新闻。① 梨视频独特的 PUGC 生产模式，创新了现有的内容生产流程，其全球拍客体系覆盖 525 个国际城市和国内 2000 多个区县，拍客超 4 万人，目前已成为全球最大的短视频、资讯内容提供者。

借鉴用户生产内容的宝贵经验，2018 年 2 月，央视新闻移动网正式上线 UGC 功能，用户上传的素材将进入内容管理后台，经审核后成为央视新闻移动网矩阵号共享素材，为包括央视新闻在内的近 300 家媒体矩阵号提供新闻素材和直播内容。这是央视新闻突破单一新闻生产模式，协同海量用户生产新闻内容，实现"全员媒体"的有益尝试。

2018 年 9 月 26 日，总台打造的新媒体旗舰客户端"央视频"在其官方微博上正式发布创作者招募计划，邀请有志之士加入"央视频"。"央视频"致力于打造"账号森林"，吸取创作者的每一滴甘露。新闻短视频领域再次迎来一位重量级的"国家队"成员，将进一步突破内容生产边界，拓展多元主体的内容生态。

---

① 专访新京报社"我们视频"团队：带动了报社转型[EB/OL].(2018-09-19)[2019-11-01]. http://www.sohu.com/a/254863460_351788.

## 第三节　重大新闻事件融合直播：建设新型主流媒体发力点

### 一、融媒直播：常态化　多屏化

2016年，移动互联网开启直播元年，直播行业呈现井喷式发展。移动直播具有传统的电视直播不可比拟的优势：直播时长的无限性、采制环节的即时性、直播内容的互动性、观看场景的开放性等，因而在移动传播时代备受关注。现阶段，直播用户红利逐渐减少，移动直播市场渐趋饱和，但随着5G时代的到来，中国在线直播行业仍将保持稳健发展，并将在后续发展过程中围绕专业化以及商业化展开激烈竞争。

自1997年开始重大新闻事件直播以来，央视在重大国际会议、国内重大事件、体育赛事、春晚等直播报道方面取得突出成绩，传播效果显著。央视作为中央级媒体，拥有大量独家视频资源，同时依靠自身成熟的音视频技术，在视频直播领域具有其他媒体无法比拟的体量，具有其他主流电视媒体不可替代的优势。媒体融合一方面要聚资源、集人力，建设新型主流媒体平台，实现多屏互动，以满足移动传播和融合传播时代的需求；另一方面还要发挥传统技术、资源、人才优势，打造新时代精品力作，让时代发展成果更好地触及民心。

中央广播电视总台成立以来，继续发挥60多年来积累的传统优势，同时深入布局全媒体传播生态链，积极开拓互联网新用户，目前全球范围内的用户体量已达10亿级。在过去的几年中，总台出色完成了"一带一路"国际合作高峰论坛、庆祝中国人民解放军建军90周年、全国"两会"、国庆70周年阅兵等重大时政直播报道。处于深层次媒体融合进程中的中央广播电视总台应当把融媒直播作为内容供给侧改革着力点、新型主流媒体建设发力点,为打造具有强大引领力、传播力、影响力的国际一流新型主流媒体提供强大助力。

**二、融媒直播创新策略**

**(一)借力新技术:5G+4K+AI**

2019年1月25日,在中共中央政治局就全媒体时代和媒体融合发展进行的第十二次集体学习中,总书记强调要运用信息革命成果,推动媒体融合向纵深发展。以科学技术推动媒体深层融合成为应时之需。3月,工业和信息化部、国家广播电视总局、中央广播电视总台联合发布的《超高清视频产业发展行动计划(2019—2022年)》指出,2022年我国超高清视频产业总体规模有望超过4万亿元,形成技术、产品、服务和应用协调发展的良好格局。超高清视频直播时代已经到来,主流媒体应积极紧握时代脉搏,促成视频直播行业智能化转型升级,在融合发展中赢得新优势,开辟新空间,培育新动能。

中央广播电视总台作为国家级主流媒体和广电行业发展的旗舰,是新兴技术手段应用推广的重要平台,引领着全国广电媒体融合发展的新方向。总台立足"5G+4K+AI"战略布局,在实践中确定了"聚焦新技术,引领高质量发展"的发展思路,突破性地探索新技术引发行业变革的有益尝试,在全行业融合发展进程中开辟了全新战场。2018年10月1日,总台开播全国首个4K上星超高清频道,这标志着我国超高清视频产业迈上新台阶。2019年2月4日,春晚首次利用5G技术开展4K超高清视频直播;3月,总台4K超高清频道实现5G集成直播"两会"记者会;10月1日国庆70周年阅兵庆典期间,央视新闻带来5G时代阅兵直播的全新观看方式,打造了历史上首次4K超高清全景阅兵盛典直播。此外,总台首次将70周年国庆庆典4K超高清直播电视信号直接传输到4K电影院,成为本次国庆庆典的一大亮点,实现了直播技术与银幕的完美融合,打通了国家大事在影院影厅播放的通路。①

(二)布局移动端 新闻直播化

中国互联网协会发布的《中国互联网发展报告(2019)》显示,至2018年底,我国网民规模达到8.29亿,其中我国手机网民规模达8.17亿,网民中使用手机上网的比例由2017年底的97.5%提升至2018年底的98.6%。手机用户的持续攀升意味着移动互联网已经成为信息传播的主要渠道,网络空间已经成为凝聚共识的新空间。基于此,习近平总书记在十九届中央政治局第十二次集体学习时强调:"要坚持移动优先策略,建设好自己的移动传播平台,管好用好商业化、社会化的互联网平台,让主流媒体借助移动传播,牢牢占据舆论引导、思想引领、文化传承、服务人民的传播制高点。"②未来5G的推广和全覆盖,也必将为主流媒体布局移动端注入新的活力。

---

① 无央视,不直播!揭秘阅兵直播,央视都用了哪些"大招"[EB/OL].(2019-10-01)[2019-11-01].http://news.cctv.com/2019/10/01/ARTInlGculoyflwK1G7n5qYa191001.shtml.
② 习近平在中共中央政治局第十二次集体学习时强调 推动媒体融合向纵深发展 巩固全党全国人民共同思想基础[EB/OL].(2019-01-25)[2019-11-01].http://news.cnr.cn/native/gd/20190125/t20190125_524494294.shtml.

第四章　何为主流媒体的立足点、发力点与创新路径

作为主流电视媒体的标杆,中央广播电视总台顺应移动传播趋势,坚持移动优先战略,积极建设自有平台。2017年2月,以短视频和移动直播为主打形态的客户端——央视新闻移动网全新上线,这是积极探索新媒体舆论阵地和移动、融合传播方式的有益尝试。在移动直播的基础上,央视新闻移动网打造的"正直播"进一步实现了多屏联动、互动分享、移动社交功能。经过两年的运营,央视新闻移动网积累了1700万用户、700多家矩阵号合作伙伴,总发稿量超过50万条,其中高质量新闻事件类移动直播1.2万多场,为主流媒体获得更具权威性的媒体地位、更强的舆论引导力、更广阔的发展空间提供了强大助推力。①

2018年,人民网人民视频携手13家直播平台以及5家短视频资讯平台共同推出"看美丽乡村 庆改革开放"大型主题直播活动,以专业视角聚焦乡村建设成就,在48天的时间里进行了48场直播,合计观看人数超过6亿人次,单场最高观看人数为1315.5万人次。接力直播的形式拓宽了移动直播模式边界,为移动端直播发展蓄力引航。此外,主打移动端新闻直播和短视频的"我们视频"在成立后的短短两年多时间里,进行了超过1000场次的直播报道,单场直播PV最高达1500万,互动评论数超10万条,在同类型资讯类短视频平台中处于领先地位。② 紧扣移动传播的时代要求,聚焦视频、直播移动端的开发和利用,央视新闻移动网、央视频、人民视频、"我们视频"等移动视频平

---

① 看一群"90后"如何运营主流媒体平台型产品:解析央视新闻移动网运营两年的新闻实践与创新[EB/OL].(2019-07-04)[2019-11-01].http://paper.news.cn/2019-07-04/c_1210178171.htm.
② 新京报我们视频获2018微博一直播最具影响力媒体奖[EB/OL].(2018-12-30)[2019-11-01].https://baijiahao.baidu.com/s?id=1621291143248966400&wfr=spider&for=pc.

台将重构新闻直播生态,建构基于移动端的直播大厦。

(三)打造直播新样态　提升用户体验

直播行业经过四年多的磨炼,正处于高速积累,趋于成熟发展的过渡期。同时,5G、AI等技术价值的深入挖掘及创新转化,也将为直播市场转型注入新的活力。5G技术高网速、低时延、超大规模连接的三大特性将对直播体验带来质变,让用户在场感、参与感、互动感得到极大提升;4K技术提供的超高清画质将为用户带来身临其境的视觉体验;人工智能技术价值在视频直播领域的深度挖掘,不仅重构了内容生产流程,而且将革命性地实现用户体验升级。

1.5G携手VR　升级沉浸体验

随着5G应用的推广和全覆盖,VR技术将重焕生机。在5G加持下,除智能手机、电视以外,VR有可能成为第三块屏幕。作为5G应用的首选场景,VR视野更开阔、沉浸式体验感强,将为用户带来全新的视听感受。作为行业领先的主流媒体,中央广播电视总台首次采用全新手段——"5G + VR"技术对2019年春晚进行实时直播,为亿万观众带来全新的视听体验。2019年10月1日,总台在长安街两侧设置VR机位,对阅兵分列式进行全程直播,这也是共和国历次阅兵以来,首次使用VR直播技术。VR直播将升级用户体验,为用户创造全新消费场景。

2.搭建互动场景　优化直播语态

移动传播时代,大众传播与人际传播、群体传播等的界限逐渐消融,新媒体打破了原有的传统媒体话语主导机制,重塑了传者受者关系,引发媒体生态质变。新媒体的重要特征之一是强交互性,用户作为内容生产链上重要环节的地位得到凸显。传播主体不能再拘泥于内容传播的单一功能,而应着重考虑如何拓展用户的使用场景,有意识地搭建"互动场景",吸引用户主动参与内容生产、建构社交关系、完善传播网络,从而打造信息传播的全新生态。

自2017年起,央视在"两会"期间推出融媒体实时互动直播报道《两会有啥事 我们帮你问》。节目依据互联网传播特点搭建网民互动框架,借鉴网络直播的形式,连线"两会"各领域代表、委员,实时回答网友提问,打造出"两会聊天室"的直播样态。2018年,央视推出《致敬改革开放40年》大型直播节目,搭建了用户参与的顺畅通道,用户可以通过央视H5互动接口页面进入互动区,通过分享自己的故事、感悟参与直播,顺应了移动传播强交互的特征,让正面宣传更加深入人心。

## 第四节 话题传播:新媒体时代主流媒体创新路径

### 一、信息"破圈" 全员制造话题

(一)巧妙造"梗" 创新话语体系

中国互联网络信息中心发布的第44次《中国互联网络发展状况统计报告》显示,截至2019年6月,10—39岁网民占网民整体的65.1%,其中20—29岁网民占比最高,达24.6%。青年群体作为互联网"原住民",是网络空间中最活跃的因子,是未来媒体内容制作和消费的主力。在青年群体创建的互联网话语空间中,主流媒体应该放低身段,创新话语体系,加速官方话语和民间话语的融合,让信息传播在不同青年群体的圈层中扩散开来,实现"破圈"效应,获得更好的舆论宣传效果。

2019年,中央广播电视总台全新打造了新媒体产品《主播说联播》节目,康辉、海霞等主播一改往日严肃态度,以诙谐、幽默的锐评探讨国内外大事,金句频出,频上微博热搜,吸引了大批粉丝,一时间成为全网热议的话题。截至目前,微博话题"♯主播说联播♯"阅读次数达19.8亿,讨论次数超74万,成为总台创新话语体系,积极融入广大网民的有益尝试。

(二)用户参与　全员互动

话题传播属于口碑传播的一种,依托于社会化媒体实现自传播、二次传播从而达到最终传播目的。移动传播时代构建了官方与民间的双向互动空间,用户话语权大大提升,不再满足于仅仅作为信息接收者的角色。依托于创新的PUGC模式及庞大的全球拍客系统,梨视频每日生产的视频数量达1500条,每日播放量超10亿次。用户参与内容生产不仅极大扩充了新闻来源,还有利于主流媒体及时了解公众关注的热点话题和舆情焦点,有效把握舆情发展动态,及早介入并回应民众关切。因此,新时代UGC模式重构了新闻信息生产流程,越来越成为主流媒体的共识。

2018年全国"两会"期间,央视新闻移动网UGC平台首推互动微视频产品《一拍即问》,用户自拍上电视,代表委员亲自答疑释惑,在提升公众参与感的同时也为他们解决了实际问题。此外,总台举办的作为"庆祝新中国成立70周年群众性主题宣传教育活动"之一的"你好,新时代"融媒体作品大赛,面向全社会征集短视频、摄影图片、交互作品等融媒体作品,参赛者用自己的独特视角和语言记录新青年、新时代,见证奋进中的中国,以接地气的方式实现良好传播效果。

**二、多屏互动　长短视频相接**

中国网络视听节目服务协会发布的《2019中国网络视听发展研究报告》显示,我国网络视频用户已达7.25亿,其中短视频用户达到6.48亿;移动互联网使用时间明显增加(人均日时长为341.2分钟),而其中短视频贡献了33.1%。短视频行业用户规模和使用市场呈现爆发式增长态势。随着短视频市场逐渐趋于成熟,内容生产呈现专业化和垂直化走向,优秀内容将成为各平台的核心竞争力。

中央广播电视总台聚力打造的新媒体旗舰平台"央视频",进一步聚合优秀内容创作者,以短视频和移动直播为样态聚焦泛文艺、泛资讯、泛知识三大内容领域,目前已推出多个观看过亿、极具话题度的融媒体产品。

在长视频方面,总台央视经过60年的发展历程,积累了大量独家长视频资源、垂直内容资源及大屏口碑资源,在历年的全国"两会"等重大时政报道,春晚、世界杯等重大事件报道中有着其他主流媒体不可比拟的品牌优势、传播影响力。在电视剧方面,总台播出的电视剧以革命历史题材、年代剧、"三农"题材为主,形成了自有风格,收获了良好口碑。此外,总台基于文化强国战略,打造了系列优质原创文化类视频产品,如《朗读者》《经典咏流传》《中国诗词大会》等。截至目前,"#朗读者#"微博话题浏览次数超1.3亿,讨论次数达20.6万次;

"#经典咏流传#"微博话题浏览次数超 25.6 亿,讨论次数达 603 万次;"#中国诗词大会#"微博话题浏览次数超 4.6 亿,讨论次数达 72.7 万次。节目相关话题频上微博热搜榜,在全国掀起一阵"文化热"。

下一步,主流媒体应从内容、呈现、场景、体验等角度出发,聚力打造优质短视频内容产品,开拓短视频版图;同时利用好积累多年的长视频独家资源,以短视频为主打,辅以长视频,形成"多屏互动,长短视频相接"的产品矩阵,最大限度地吸引、聚集用户,传播国家声音。

### 三、跨平台链接"创意"激活话题

在媒体融合深层次发展进程中,传统主流媒体融入新媒体空间,在技术、内容、产品、平台、市场等诸多领域与新兴媒体存在天然竞争。习近平总书记强调:"推动媒体融合发展,要统筹处理好传统媒体和新兴媒体、中央媒体和地方媒体、主流媒体和商业平台、大众化媒体和专业媒体之间的关系,不能搞'一刀切''一个样'。要形成资源集约、结构合理、差异发展、协同高效的全媒体传播体系。"① 中央广播电视总台台长慎海雄强调,总台在发展过程中,要不断提升生态链接力,与产业上下游、社会各界深入合作,不断发展新业态,获得新空间,赢得新机遇。② 主流媒体应聚焦发展目标,综合分析自身优劣势,积极推进媒体融合速度和深度;巧借商业平台的技术创新力、内容制造力、平台凝聚力开展广泛合作,打造优质融媒体产品,形成资源集约、结构合理、差

---

① 推动媒体深度融合 做大做强主流舆论[EB/OL].(2019-02-20)[2019-11-01].http://media.people.com.cn/n1/2019/0220/c40606-30807497.html.
② 中央广播电视总台成立总经理室,产业发展进入新阶段[EB/OL].(2019-07-21)[2019-11-01].https://news.hexun.com/2019-07-21/197935334.html.

异发展、协同高效的全媒体传播体系,做大做强主流舆论,广泛传播主流声音。

近年来,总台积极开拓跨平台合作版图,与互联网巨头 BAT、字节跳动、快手、科大讯飞等广泛开展战略合作,制作、传播大量优质 IP 产品,结合国家战略打造优质融媒创意话题产品,引发全网热议。2019 年"两会"期间,央视新闻新媒体联合阿里巴巴集团共同推出"两会"H5 融媒体产品《上新了·两会》,选取时下流行的 H5 页面来构建主体信息,通过每日的"两会"实况、"两会"报道、"两会"话题等资讯推荐,带网民深度参与"两会",成为"两会"报道中极具话题讨论度的明星产品。另外,2019 年央视新闻新媒体还携手新浪微博推出阅兵主题报道,带动多个网络热门话题,受到广泛关注,"♯两个车牌♯""♯中国最帅天团♯""♯咱们有飞不完的大飞机了♯"等话题登上微博热搜榜。截至 10 月 1 日 13 时,"♯国庆阅兵♯"微博话题阅读量达 23 亿次,"♯国庆大阅兵♯"微博话题阅读量达 13.4 亿次,引发盛况空前的热议。

坚守、传承、创新：新时代主流媒体融合传播研究

# 第五章 主流媒体如何实现新技术驱动

习近平总书记在2018年全国网络安全和信息化工作会议上强调,"核心技术是国之重器,要加速推进信息领域核心技术突破,遵循技术发展规律,做好体系化技术布局,优中选优,重点突出"。当前,媒体在智能化、社交化和移动化的方向上不断深化演进,媒体格局的重塑调整也更加激烈和错综复杂。主流媒体应顺势抓住前沿科技带来的发展契机,用新媒体思维为主流媒体赋能,按照互联网传播要求和新媒体发展特征,聚焦技术前沿,打造自主可控、具有强大影响力的新媒体平台,在融合发展中赢得新优势,开辟新空间。

## 第一节 深化"5G+4K+AI"的战略布局

"5G+4K+AI"技术的应用,将从根本上改变广电行业原有的内容生产、内容传播体系,内容的交互方式也将更加多样化,智慧广电发展将迎来新机遇。近年来,总台不断深化"5G+4K+AI"的全新战略布局,以技术赋能优化内容呈现,提升用户视听体验,进一步探索5G

传输对接移动端超高清内容的呈现模式,抢占移动端高清传输先机。

2018年1月,中央广播电视总台联合中国电信、中国移动、中国联通、华为公司,共同建设了我国第一个基于5G技术的国家级新媒体平台。2018年10月,总台开播了国内首个超高清上星频道CCTV-4K超高清频道,为观众提供4K超高清画面。截至2018年底,该频道覆盖人群已达到1.68亿。在2019年的春晚直播以及"两会"直播中,总台充分利用"5G+4K"技术进行现场直播,取得了良好的播出效果。目前,总台5G新媒体平台已具备多点多地、全流程全功能4K超高清集成制作和应用水平,可满足集成多路新闻直播信号和多类型节目制作形态的要求。

2019年5月,总台进一步尝试,注册成立了央视频融媒体发展有限公司,发挥总台视音频优势,主打短视频,兼顾长视频,同时支持4K超高清视频节目制作,探索移动端接收超高清视频的新模式。

## 一、以5G为基础,推进媒体的"立体融合"

媒体融合背景下,"5G+4K+AI"的智能化媒体布局在重塑制播流程的同时,也将革命性地升级用户的屏幕视听体验,重新定义用户消费场景。主流电视媒体应紧抓5G时代来临的历史性机遇,在开播4K超高清频道、建设5G媒体应用实验室、实现5G直播等方面进行拓展。

(一)媒体业务融合:多维提升媒体体验

5G网络相较于4G网络来说吞吐量增加了10倍,延时为原来的1/10,传输容量增加100倍。这恰好适配了VR和AR对网络的敏感性特征,虚拟场景和新闻现实可以得到完美融合。

可以预见的是,在5G技术支撑下,以虚拟现实为代表的全新媒体业务将迎来爆发式增长。5G网络至少能支撑以下六大媒体应用场景:超高保真媒体、现场实时体验、用户自制内容与机器自动生成内容上传、沉浸式与集成型媒体、协作式媒体内容生产、写作式的网络游戏等。这几大应用场景应成为主流电视媒体的重要思考方向。

(二)媒体平台融合:万物皆媒,人机共生

智能时代,以5G为核心基础的物联网将再次颠覆新闻业。过去的媒体输出端口固定在报纸、广播、电视、手机等有限的媒介上,而物联网让每一个物体都可以成为信息的收集端和输出端,每一个智能机器都可能被媒体化,"万物皆媒体,一切皆平台"。新闻工作者在收集信息和分发信息时面对的智能终端将更加多样化,新闻会变得无处不在,呈现形式也将千变万化。

这要求未来在平台方面应做好以下准备:

一是推进智能数据库建设,做好精准信息收集工作。5G让物联网生产数据的能力得以提升,新闻依靠捕捉海量数据,向快速和深度同时发展。推荐算法所能使用的数据也越来越多,越来越准确,并带来更多的新闻背景信息。当新闻发生的时候,受众不仅可以了解到事件,还可以了解事件发生时的天气状况、交通信息、人口流动信息等,使得收集极小范围内的信息成为可能。收集完善区域精准海量信息,坐拥快速精准的大量信息,将使主流媒体的新闻报道更加快速,更具深度。

二是推动人工智能发展,实现新闻业的"人机共生"。物联网催生出一系列智能终端，5G让终端与网络之间高速顺畅地衔接、配合，并介入内容生产领域。当整个新闻业与人工智能结合在一起时，未来的新闻写作将采用人机合一的写作方式，机器帮助我们发现选题、拓展广度、提炼规律、预判内容的传播效果，将人类记者从简单机械的业务中解放出来，变身为视觉创作者、创意生产者，深耕有深度、有观点、有分析的作品。

(三)媒体技术融合：推动底层媒体技术转型

5G时代，计算和通信开始融合演进，媒体技术将面临一个比通信领域更广泛的生态系统。在这种融合技术网中，计算和通信能力是可以通用的。一方面，计算可以解决通信问题，5G将赋予通信网内容分发等新功能，通过计算解决通信问题，自动调高用户周边的扩容倍数。另一方面，通信可以解决计算问题，5G让终端变成了新一代通信的起点。原来只在数据中心存在的大规模运算，可以扩展到移动边缘，让终端也具有这种运算能力，其应用的性能也会超越物理硬件的限制。

此外，5G还融合了不同的频谱类型和频段、多样化服务及部署。依托越来越强大的云计算技术和日渐成熟的物联网环境，传统的广播电视网络架构可能会被全面取代，出现以云化、虚拟化为核心特征的广播电视融合网。

传统媒体从业者大都是文科出身，而互联网新媒体人则大都是技术出身。5G时代的到来使得传统媒体从业者技术基因缺乏的问题更为棘手，这就要求我们抓住5G时代的机遇进行基因改造，推动底层媒体技术全面转型，从而完成深层次的媒体融合。

## 二、4K 助力我国超高清实践探索

2019年3月1日,工业和信息化部、国家广播电视总局、中央广播电视总台联合发布《超高清视频产业发展行动计划(2019—2022年)》,提出将按照"4K先行、兼顾8K"的总体技术路线,大力推进超高清视频产业发展和在相关领域的应用。我国4K超高清电视产业发展进入提速阶段,预期到2022年,中国超高清视频产业总体规模超过4万亿元,用户数达2亿。

中央广播电视总台作为唯一的国家级广电媒体,以推动我国超高清电视发展为己任,在技术的自主创新上不遗余力地培养、扶植和指导国内自主知识产权的技术研发,涵盖采编播全域设备,包括收录服务器、最广泛的应用编辑工作站、演播室播出服务器等。

### (一)4K 技术的制播工艺

目前,中央广播电视总台整体的制播工艺为全程文件化、网络化,基于纯网络环境可以做到5轨、高码率的实时编辑,文件化收录、演播室网关的高速素材传递到后期岛+ENG,高速的素材上载可以实现快速高效的编辑,以及高质量的成片内审和高速文件化的成品入库送播。同时,非编工作站自主研发了各种曲线的交叉变换、上下变换、四维变换,较高清有较大的质的飞跃。国内的自主研发有虚拟图形系统、在线包装系统、收录服务器等,多种技术的应用极大地提高了4K内容的制作效率。

在实际工作中,工程文件交互的校色、环绕声的音频合署、可交互的字幕工程文件和 AI 语音识别,都极大地提高了 4K 节目制作质量和效率;支持HDR和高仿真物理渲染的演播室的图文包装以及虚拟演播室系统,可在原有高清演播室系统中部署4K多通道收录服务器,通过UMD源名随动、文件统一命名、信源同步校时,在保证系统高清制播的同时,同步收录并虚拟合成4K节目准成品,进而实现超高清4K的快编立播。综合国内4K超高清技术的发展,与欧美和日韩相比,目前我国处于领先地位。

(二)基于4K技术的电视节目生产体系

总台携国内多家广电设备厂商,经过多年不断地探索和实践,通过自主研发、流程创新,在"高质量、高效率、高可靠"的指导原则下,搭建了文件化网络制播的全新架构,建立了一套完整的电视节目生产体系。目前总台正大力发展"技术系统"项目。该项目将围绕总台4K超高清战略,打造一个全新全环节的4K超高清电视技术体系,全面支持4K超高清的"采、编、播、存、用",通过4K超高清试验频道开展应用实践,并推广到全台各频道,确立总台在全国4K超高清时代的引领地位,满足广大人民群众对4K超高清电视节目的迫切需求,推动文化、信息、电子产业快速发展。

2018年10月,中央广播电视总台完成了4K超高清试验频道制播系统建设,并在全国有线电视网开通了4K超高清电视试验。该频道具备每天6个小时的4K节目制作能力。

(三)4K技术的改进展望

未来,还应从以下方面对4K技术开展研发工作:

一方面,在完成4K超高清试验频道制播系统建设的基础上,推进并完成新闻制作平台建设,为4K超高清试验频道新闻版块提供节目内容;完成体育、综艺、纪录片等频道4K超高清制播系统的建设,使之具备每天30小时的4K节目制作能力;在全国有线电视网开通体育、综艺、纪录片等4K电视频道;在三大电信网络开通4K超高清电视频道和4K互动电视平台。

另一方面,在此基础上,将4K超高清试验频道转化为4K综合频道,陆续完成新闻、电视剧、少儿等其他4K超高清频道制播体系建设;开设10小时的4K超高清频道,使其具备每天60小时的4K节目制作能力;在全国有线电视网和三大电信网开通新闻、电视剧、少儿等4K超高清电视频道,在我国直播卫星平台开通4K超高清电视频道。同时,为满足北京冬奥会的需求,将开展8K超高清技术试验,为北京2022冬奥会8K信号制作提供支撑。

(四)深入研究并布局"5G+8K"

在2019年国际篮联篮球世界杯北京赛场,总台首次采用"5G+8K"技术对8场篮球世界杯进行了赛事直播测试。数千名观众在五棵松篮球公园的户外超高清大屏、通州行政办公区、超高清视频协同中心观看了通过5G实时传输的8K超高清信号直播,实现了"5G+8K"技术在国际重大赛事中的首次示范应用。近14米长的转播车,如同一个微缩电视台,能快速完成包括现场制作在内的多项任务。更让人惊叹的是,这台转播车借助5G和8K两项关键技术,实现了超高清视频的制作和传播。

8K超高清视频引发的大数据流量,给传统传播渠道带来压力。同时超高清+5G的发展路径日趋清晰,超高清视频应用可体现出5G

## 第五章 主流媒体如何实现新技术驱动

高带宽的优势。超高清视频已经在制作、展示、服务、应用等诸多领域开展研发和应用尝试,将带动媒体、信息、电子等领域全面发展。我们要继续深入巩固已取得的成果,扩大其内涵和外延,在智慧融媒体时代,推动视频产业链全面升级。

今后,中央广播电视总台将进一步发掘应用市场资源,拓展"5G+8K"示范应用的深度和广度,启动"5G+8K"在2020年高山滑雪世界杯、冬奥系列测试赛等体育赛事中的示范应用,为2022年冬奥会等大型新闻报道做好全面的技术准备。

### 三、构筑"AI+广电"的融合新时代

在媒体社会化、受众海量化、传播移动化、经营差异化、发展融合化的背景下,广电行业面临更大的挑战。人工智能是新一轮科技革命和产业变革的重要驱动力量,深刻认识和加快发展新一代人工智能技术具有重大意义。媒体应积极布局,将人工智能与媒体发展深入融合,紧跟时代潮流,实现全业务、全流程、全网络从数字化向智能化的战略转型。"AI+广电"面向媒体行业采、编、播、审、存等全业务流程应用场景,通过人工智能技术来推动广播电视领域在内容生产、终端服务和安全监管等方面的融合创新,打造集智能、沉浸、交互于一体的媒体新生态,无疑将助力广电媒体从融媒体向智慧媒体跨越。

(一)深入参与新闻采编工作

AI技术的逐渐发展成熟和充分应用必然可以模拟替代新媒体工作者的大量基础性采编工作,释放更多劳动力去从事高层次的媒体工作。新闻采编工作大多涉及密集的人力劳动,有大量的重复性的工

作,会造成大量人力成本的损耗。AI技术能充分模仿人类的思维和劳动方式,还能智能处理数据,进行语音与图像识别、机器学习(模拟人类学习过程)等。此外,AI技术还可以24小时不间断地生产新闻,这大大提高了新闻生产效率。

伴随技术的变革,人工智能对传媒领域的渗透将进一步深入,主流电视媒体必须尽早布局,以适应这一技术变革对行业带来的颠覆性影响。

(二)减少采编误差,提升传播效率

人类对信息的判断在很大程度上具有主观性,但AI经过人类科学设定的程序,操作缜密,能够在一定程度上避免主观臆断对信息准确性的影响。因此,用AI来替代或辅助信息采编能提升新闻的客观性和准确性,使新媒体的传播更加科学、有效。

在新媒体的内容制作方面,人工智能在对媒体内容进行编写之前,可以根据关键词对素材进行自动搜索,对于写作过程中的错别字和歧义词进行甄别和改正,另外还可以根据板块的要求鉴别内容是否符合要求。人工智能在体育新闻中表现比较出色,比如人工智能能够保持24小时对足球比赛进行追踪播报,满足用户的个性化需求。

在内容审核环节,人工智能可以代替部分人力,对内容进行审核。比如设置一定的关键词,下架或屏蔽带有类似关键词的内容;人工智能还能够记录人工审核的行为,并做出模仿和类似的审核行为,帮助新媒体提升自身的审核能力。

今天,提起机器人新闻,人们首先想到的是没有质感和温度,模板化痕迹严重;未来,随着计算数学的发展,大数据挖掘和写入能力的增

第五章 主流媒体如何实现新技术驱动

强,对话式机器人将得到进一步完善和应用。机器不仅能够自动抓取数据,完成新闻稿件的生产,而且能根据不同的目标用户转变写作风格和样式,"像人类一样思考"的机器人终会到来。

(三)为受众提供更个性化的传播内容

从新媒体的技术特点来看,数据收集过程不过是新媒体传播渠道中最基础的一步,而最关键的则是数据分析。新媒体受众的体验感与受众接收新信息的习惯之间有着较为密切的关系。AI技术在新媒体领域推广以后,相关人员可以根据用户的使用数据,将一些需要大力推广的内容置于用户最为关注的位置,新媒体传播渠道管理者可借助人工智能技术记录受众的行为,并根据记录分析受众行为,以便运营商在后续过程中改进,最终使得新媒体更高效、更有传播力。

媒体将算法与新闻相结合,基于用户兴趣模型进行内容推荐已成为行业发展的共识。用户在对新媒体信息进行收藏的时候往往会受到个体记忆能力的限制,无法对这些信息进行及时的调取。这时人工智能技术就会及时帮助用户找寻过去相关的信息收藏,让用户对媒体产生一定的认同感和依赖心理,更多地使用该新媒体来阅读新闻信息,从而提升新媒体平台的使用感受。

## 第二节 跨屏传播构筑媒体新生态

"终端随人走,信息围人转"已成为信息传播新态势。随着5G、人工智能等技术的不断演进,移动媒体必将进入加速发展的新阶段。推动主流电视媒体融合发展,必须顺应移动化大趋势,强化移动优先意识,实施移动优先战略。

## 一、充分利用技术赋能平台、拓展渠道

将信息化革命的最新成果,如5G、大数据、云计算、物联网、区块链、人工智能等先进媒介技术应用于媒体生产全流程中,用技术倒逼内容生产的移动化、网络化与智能化,实现内容生产力和品牌传播力的提升。

数据级媒体技术平台的核心是通过建立数据中台使媒体具备强大的数据能力,通过统一的数据采集能力、数据计算能力、数据萃取能力、数据交换能力以及算法能力,基于混合云服务能力,使其具备实时(流)计算和离线计算能力,面向前端业务人员提供高效的应用服务,并支持自助报表分析、大屏可视化及智能推荐等多种数据应用,采用前沿技术努力盘活数据资产,在传媒领域实现"承技术、启业务"的媒体融合发展。

目前我国大多数主流媒体的技术平台基本上只拥有数字化能力,而中央广播电视总台的央视网较早启动了数据中台建设项目,使自身具备了数据级技术能力,并有效地与地方主流媒体集团的技术平台形成能力上的互补。央视网打造的数据级媒体技术平台包括数据中台、业务中台和视频中台。它联合阿里巴巴等先进互联网企业,集成了统一的数据采集能力、计算能力、萃取能力、交换能力和算法能力,构建了One ID、One_Data、One Service的数据管理体系,把内容、平台、用户准确地连接起来,提供热点发现、指导调度、内容生产、精准传播、用户运营、效果评估、品牌管理、营销服务等全流程的支撑服务,推进所

第五章 主流媒体如何实现新技术驱动

有业务的数据化进程。目前,央视网的数据中台已经形成"贯通多终端、统一管理"的数据采集分析体系,能够对央视网多终端覆盖情况及传播效果进行全流量监测、评估、分析。在此基础上,央视网还通过合作,引入第三方公司的外部数据,从而形成更为丰富、多元、立体的全域媒体数据库,以此支撑数字化转型,更高效、更灵动地应对用户需求,应对竞争环境。

通过构建数据平台,央视网打破了旧生产流程的数据孤岛以及组织体系的阻隔,盘活了自身的数据资产,重新定义了媒体传播链条,大大提升了传播效能。数据中台的建设能帮助央视网连接用户,为将来向用户提供基于内容垂直入口的服务做好准备。此外,数据中台还让央视网未来能够通过数据的开放合作和共享,与政务服务、民生服务、电商服务、社区服务以及文化服务等结合起来,打造开放的数据生态,拓宽媒体融合的边界。

传播渠道的扩展是媒体融合发展的外在体现,也是媒体融合不断推进的内在要求,媒体渠道扩展与融合的模式、形态、发展程度在一定程度上已经成为评判媒体融合发展水平的重要标准。技术进步为媒体融合发展带来的显性影响恰恰是新兴渠道的扩展,统一化、平台化的数字技术为打通不同行业、不同媒体形态、不同信息场景之间的区隔创造了条件,在媒体融合发展过程中已经出现了诸多跨界运营、弯道超车的成功案例。在传播渠道扩展与融合诸多的驱动因素中,技术的发展和传播渠道有着直接关联,技术形态能够决定传播渠道的形态,技术的发展可以促进传播渠道融合形态的进化。比如移动传播技术的发展使传播渠道的演化向移动化、智能化的方向不断进步,这在渠道融合的多个环节中都有鲜明体现。

## 二、平台建设助力产品创新

新技术助力节目内容创新。随着VR技术、全息投影技术、直播技术的广泛应用,电视节目内容的外延进一步拓展。一方面,高科技的应用使得内容产品的呈现方式更为丰富和多元,给电视观众带来全新的视听享受;另一方面,随着电视节目生产方式的纵深发展,一大批新技术从幕后走向台前,从小众走向大众,一跃成为电视节目的内容主体,技术不仅是手段也是节目内容。

优质新闻内容是主流媒体的立身之本,要遵循新闻传播规律和新媒体发展规律,重点打造与主流媒体气质一致的移动新闻精品,创新内容表达,丰富呈现形式,推出直播新闻、互动新闻、可视化新闻、大数据新闻、机器人新闻等多种样式和形态的移动新闻产品,做到人无我有、人有我优。

平台和内容同等重要。平台的发展是媒体深度融合的关键,媒体融合发展到纵深阶段,迫切需要打造自己的平台,聚合内容、整合资源、多渠道发布,把优质内容、发布权和用户资源紧紧把控在自己手里。优质的内容可以借助平台传播得更深远,优质的平台也可以更好地聚合用户。平台、内容和用户三者相得益彰,一个强大的平台必不可少。如果没有自己的新媒体平台,就会出现"有爆款没用户""有流量没平台"的困境,缺乏话语权。因此,必须内容和平台两手抓,只有这样,才能实现内容和平台的高效联动。

### 三、多屏互动提高传播影响力

移动内容生产应以短小精悍、鲜活快捷、"微言大义"为主,即时采集推送信息,快速送达用户,在传播中抢得先机,同时方便人们利用碎片化时间阅读和观看。移动内容生产应与电视联动,实现多屏互动,增强用户黏性,将"看电视"的被动接收转变为主动参与。

在2019年4月2日中央广播电视总台召开的2019年技术工作会议上,慎海雄同志强调,要聚焦平台建设,打造自主可控、具有强大影响力的新媒体平台。为实现广播电视媒体的跨越式发展,总台正在着力打造自主可控,具有强大影响力,电视、广播、网络三位一体的全媒介多终端新媒体平台。努力建设好运用好新媒体平台,就可以牢牢掌握媒体发展变革和新闻舆论工作的战略主动权。

作为国家级媒体,中央广播电视总台的权威性和传播力使其在视频新闻领域占据主导地位,并且引领视频新闻的传播方向。

## 第三节 开发大数据:数据辅助转为数据驱动

互联网上半场的"人口红利"已消失殆尽,基于数据的纵向挖掘的下半场已然铺展开来。大数据时代,数据成为一种重要的战略资源,这就意味着谁掌握数据,谁就能站在未来的发展风口。以往,我们通过数据来辅助新闻生产和内容服务;未来,随着传感器技术、物联网技术以及人工智能技术的升级,我们将进入"万物皆媒"的时代。数据将融入到整个媒体编辑室中,在新闻线索来源、选题策划、效果评判、舆情监测等环节发挥作用。同时,通过对环境或物体的实时监测分析,数据还可为预测性报道提供参考依据。

### 一、借助社会监督力量,健全审核机制

当前新媒体发展的过程中,信息爆炸式增长,其中既有对大众有益的信息,也有不良信息,不良信息对社会有着不可忽视的负面影响。所以在大数据环境下,新媒体可以利用大数据技术来鼓励受众积极行使自己对社会和媒体环境的监督权利。

新媒体平台可以设置用户举报系统,用户在浏览新媒体的时候,如果发现其他用户出现言辞不当的情况就可以利用这个系统进行举报。后台可以对被举报用户进行不定期的核查,一旦发现该用户的确存在发送不良消息的习惯,就立刻采取禁言、永久封号或者注销账号的措施。新媒体后台可以通过这种方式来提升审核的效率,也可以借助大数据技术从庞杂的数据群中找到新的审核办法,有针对性地进行处理。

### 二、分析用户数据,精准投放信息

任何新媒体在运行过程当中,都必须具备一定的商业价值。大数据能够帮助新媒体在拓宽传播渠道的同时,增加自己的商业价值。社交媒体会获取和分析用户的数据,对这些数据进行详细的处理,找寻用户潜在的消费需求,然后进行有针对性的广告投放。部分新闻门户网站会根据用户浏览的情况,对用户的关注倾向进行分析,进而发现用户有可能感兴趣的内容。很多商家和购物平台看中大数据技术在

新媒体传播中的应用,采取与网站合作的方式,向用户推荐相关的商品,以增加浏览量和购买量。用户浏览后留下的痕迹,既能够让新媒体有针对性地拓宽自身的传播渠道,又能提升自身的商业价值,具有较高的实用性。

### 三、开发大数据系统,实现增值服务

大数据不仅仅是技术,更是与新的应用场景和产业链相结合的运营模式和商业模式。在媒体融合中,大数据与内容生产和管理决策全流程衔接,承担着节目生产、媒体运营、广告投放、整合营销、智能推送、商业变现、产品推介、传播分析、影响力评估、运营决策、媒体智库等重要功能;同时,大数据还可以辅助实现全媒体绩效考核。从商业运营角度看,媒体可以通过以下大数据系统的开发实现增值服务。

(一)数据分析系统

搭建大数据平台,建立媒体内容大数据和用户服务大数据系统,构建从内容采集、制作、审核、发布到传播的全流程大数据分析体系。这是一个包括新媒体、政务服务、行业应用、电子商务、信息化管理等在内的全产品大数据分析体系,可以满足用户服务大数据在生产运营支撑、用户产品服务、网络运行管理三个方面的应用需求,实现产品间的用户互通,形成真正的用户共享、内容共享与数据互通的新媒体产品矩阵。

(二)决策支持系统

基于数据仓库的决策支持系统利用共享的决策数据、模型、知识

资源辅助解决各类决策问题,在网络环境下的媒体综合决策支持系统充分利用网络上的共享决策资源,提供随需应变的决策支持。主流媒体应及时搭建大数据平台,完成多种数据源的实时采集与建模,开放全端,实现数据打通,让数据成为媒体的核心资产,建立用户的数据档案,实现数据共享,为整个决策环节提供底层数据支持。

(三)舆情监测分析系统

舆情监测分析系统通过抓取全域互联网数据源,实时进行数据清洗和模型计算,并进行多维度展示,具备舆情分析、舆情预警、舆情报告等功能。通过掌握舆情综合指数、清朗指数、负面指数,主流媒体能及时掌握舆论动态,积极开展正向引导和处置,同时也能为党委政府和行业机构提供"宣传引导+舆情监测"服务。

第六章　主流媒体如何建设自有新媒体平台

# 第六章　主流媒体如何建设自有新媒体平台

当前,数字技术的不断发展和新媒体应用的不断普及给人们的生产生活带来诸多便利。科技为我们带来了新的传播工具和手段,也不断丰富和改变着人类交流交往的途径和方式。在媒体生态环境和发展格局不断变化的当下,传统主流媒体只有拥抱技术革新,转变发展观念,探索发展进路,建设与时代发展相适应的自有新媒体平台,才能完成融合转型,提升主流媒体的公信力、影响力、引导力、传播力。

## 第一节　互联网技术升级与媒体时代变革

技术与传媒业历来是互为依托、互为促进的关系,技术助推传媒业持久繁荣,传媒业也反哺技术不断革新。互联网作为一种"自由的技术",已然成为媒体乃至人类社会变革的重要推动力。从 Web1.0、Web2.0 到 Web3.0;从门户网站到社交媒体,再到今天的智能媒体;从一对多的"布告式"传播到多对多的圈群化传播,再到基于算法的个性化分发,每一种新的媒介形态和传播模式的演变,都是技术的量变所引起的质变的结果。

## 一、Web1.0时代：门户网站的兴起冲击主流媒体的发展

在Web1.0时代，门户网站是主要的传媒应用形式。互联网的开放性解构了传统媒体主导信息生产和流通的传播生态系统。一些新兴的互联网公司凭借敏锐的商业嗅觉和强大的技术支撑，在Web1.0时代浪潮中逐渐站稳脚跟。其中，新浪、搜狐、网易、腾讯形成"四分天下"的格局。

这一时期的门户网站，究其本质仍是大众传播模式的一种网络延伸。页面设计、版面内容、传受关系都只是传统媒体的平行式迁移。一方面，技术壁垒和媒介接触成本的限制，使得受众无法参与到信息生产当中，传播格局的中心化结构依然存在。少数掌握网络技术的机构或组织，控制着内容的撰写和呈现，尽管电脑屏幕前的受众能够自行浏览网站信息，但仍旧无法跳出传播者提供的"范围"，更难以进行及时的信息反馈，这就造成Web1.0时代网络传播的单向性和中心化结构。另一方面，由于用户与用户之间缺乏有效的沟通和交流渠道，内容无法实现进一步的互换和分享，因此信息流通具有很强的静止性。

在这一时期，主流媒体在受众流失、广告下滑的倒逼下创建了一批门户网站，如人民网、新华网、凤凰网等。尽管Web1.0时代的媒介应用存在诸多局限性，但是仍然对传统媒体造成了巨大的冲击。其集文字、图像、音频、视频于一体的传播样式，丰富了新闻和信息产品的表现形态，提升了传播渠道的影响力，在一定程度上赋予了受众媒介

话语权。当主流媒体刚完成数字化,打造出自有网络新闻平台时,互联网的第二波冲击即 Web2.0 时代便到来了。

**二、Web2.0 时代:社交化媒体给主流媒体带来新的挑战**

Web2.0 时代,社交媒体平台是主要的媒介应用形式。与 Web1.0 时代用户只能被动接收信息不同,Web2.0 是互联网理念和思想体系的一次升级换代,原来自上而下的由少数资源控制者集中控制主导的互联网体系,转变为自下而上的由广大用户集体智慧主导的互联网体系。在 Web2.0 时代,传统主流媒体遭受到第二波冲击。

首先,用户生产内容打破了传统主流媒体的垄断地位。Web2.0 时代,社交媒体平台纷纷涌现,信息生产者不再特指接受过专业技能培训或具有相关学科背景的专业新闻从业者,而是指具备内容制作的条件、表达欲望强烈的所有媒介使用者。进入 Web2.0 时代后,越来越多的突发事件的报道或新闻资讯的第一手资料源于社交媒体平台的用户,传统主流媒体和新闻从业者开始从社交平台挖掘新闻线索。基于移动智能终端的社交平台逐渐成为人们获取信息、发表言论、表达自我的主要途径。

其次,社交媒体平台的双向性和互动性,使用户成为传播节点或传播中心。Web2.0 时代的网络传播更多的是一种圈群化的传播模式,每个用户都能与他人建立社交关系,同时也能将现实中的社交圈复制到网络社会中,这就为信息的共享、转发和二次传播提供了充足条件。Web2.0 时代互联网平台的用户量惊人,以微博、微信为代表的自媒体不仅增加了信息量,而且提升了信息传递速度,给传统主流媒体带来了巨大挑战。

此外,自媒体用户所制作的海量信息改变了线上线下的舆论格局。口口相传的群对群(many-to-many)传播方式颠覆了传统主流媒体所垄断的大众传播模式。网络意见领袖各争人气,吸引受众眼球,职业的传媒从业人员被进一步边缘化。

为此,传统媒体纷纷推出自己的客户端,并在各大社交平台构建自己的传播入口,迎合新时代下受众的媒介接触习惯和信息接收方式,以提升自身的影响力。但由于各种原因,传统主流媒体深感媒体融合发展之难,不论是囿于内部的体制机制,还是来自外部由资本赋能的大型互联网公司的竞争压力,都让融合之路困难重重,成功的新媒体案例仍旧屈指可数。在传统主流媒体努力探索新媒体自主性平台建设时,飞速发展的互联网技术使得 Web3.0 时代悄然而至。

### 三、Web3.0 时代:平台型媒体为主流媒体带来发展新机遇

Web3.0 时代的核心理念是"以人为本",无论是网页的设计,还是平台的构建,用户的需求和偏好都已成为恒定的参照系。与 Web2.0 时代的圈群化传播模式不同的是,Web3.0 时代是以平台型媒体为主的智能化、精准化、沉浸式传播。

最早提出"平台型媒体"这一概念的是美国社交媒体网站创始人乔纳森·格里克(Jonathan Glick)。2014 年 2 月,他在科技新闻媒体 Re/Code 上发表《平台型媒体的崛起》一文,并创造了合成词"Platisher"来描述这一代表未来融合趋势的媒体形式。简而言之,平台型媒体指的是"平台"(Platform)和"媒体"(Publisher)的交集部分,

## 第六章 主流媒体如何建设自有新媒体平台

是互联网科技平台和媒体的双向融合过程:一方面,平台雇佣或资助编辑、作者为其生产内容;另一方面,媒体通过开放内容出版平台改变内容生产和消费方式,使其向平台化发展。平台型媒体的范围非常广泛,其中最为典型的便是今日头条等基于个性化算法推荐的新闻资讯类客户端。

作为一种新型的融媒体,平台型媒体是顺应"互联网+"趋势而产生的,其本身具有的互联网基因能够帮助身处困局的传统媒体找到发展出路,成为传统媒体转型和深度融合的方向。

首先,平台型媒体打破了单一的生产、传播逻辑,生产平台向用户开放,允许普通用户参与文章发表全过程,这正抓住了互联网低门槛、平民化特点的核心,将被动的受众转变为拥有创造力的用户,构建出一个具有黏性而稳定的用户社区群,从而带来巨大的流量。

其次,平台型媒体能够利用专业记者和编辑团队为平台型媒体把关,使媒体的内容优势最大化。开放的平台不可避免会带来嘈杂之声,而平台型媒体的定位并不局限于社交媒体这样不经过滤的信息流,因此具有一定职业素养的专业新闻人员仍是平台型媒体的内部核心竞争力,他们能让转型中的媒体坚守优质内容。同时,平台型媒体也有助于催生新的商业模式,帮助缩减传统媒体的采编成本,挖掘新的合作渠道和方式,开源节流,改变传统媒体广告收入下滑、营收压力增大的现状。

平台型媒体为传统媒体转型提供了一种新的组织结构和内容生产转型思路。它既能充分发挥传统媒体的编辑优势、内容优势,又融合了新媒体、科技媒体的以流量和用户为导向的互联网特质,取长补

短,可以成为突破困境的可行对策。

总之,Web3.0时代,技术的升级和应用,使得新闻传播呈现出智能化程度更高、信息匹配更精准、受众体验更流畅的趋势。技术逻辑主导着媒介的发展机遇和创新创造,在蕴含着无限发展空间的Web3.0时代,传统主流媒体将迎来又一个彻底改变的机会。

## 第二节 主流媒体自有新媒体平台的媒介生态特征

技术与传媒的融合,推动着传播活动的发展和人类文明的进程。在Web3.0时代,建设平台型媒体成为传统主流媒体发展的重中之重。当前手机已经成为我国网民上网的第一终端,所以,主流媒体在推进自有新媒体平台建设时,除了积极发展虚拟现实技术、人工智能等前沿科技之外,应当以建设移动终端平台为主。本节将从技术生态、内容生态以及受众生态三方面,透视主流媒体自有新媒体平台的媒介生态特征,进而探索平台建设的基本路径。

### 一、主流媒体自有新媒体平台的技术生态

(一)生态定位:具有主流媒体特色的移动伴随性平台型媒体

1.手机新闻客户端:移动伴随性大众媒介

手机新闻客户端以手机作为物理接收终端,无线互联网与手机两大要素的支持使得手机新闻客户端具有"移动"和"伴随性"两大特征。经过多年的发展,如今的手机新闻客户端已具备了成为大众媒体的条件:健全的运作管理体系、海量信息、职业的传播者团队和独立采编能

力（新闻信息的制度化生产）。

2.主流媒体新闻客户端：强调权威、严肃、专业的平台型媒体

主流媒体新闻客户端的风格偏严肃，强调权威性和专业性，是主流媒体在移动端的重要载体。可见，主流媒体新闻客户端仍需秉承传统媒体的定位，强调内容的专业性和深度。商业媒体新闻客户端的媒介风格则活泼多样，强调个性化和内容的聚合性，版本更新较频繁，界面样式多变化，善于突出自身优势。这反映了两者发展思路的差异：

商业媒体新闻客户端有别于母体大而全的定位，具有自己独特的定位，如腾讯新闻客户端强调"事实派"，网易新闻客户端强调"有态度"。主流媒体的新闻客户端作为母体的一种传播渠道，必须保持主流媒体的严肃、权威与专业，在此基础上可以进行新功能的拓展，让用户获得差异化的新鲜认知。

2013年7月23日，央视新闻手机客户端正式上线，它成为当时央视移动互联网内容发布的主要平台。权威性与民生视角是央视新闻客户端的定位。央视新闻是国际国内重大新闻发布的权威媒体，其强大的新闻采集能力和快速反应能力使得央视的新闻发布具有独家性和极高的可信度。同时，央视新闻作为党和政府的喉舌，也需要承担舆论引导和正确价值引导的责任。因此，在移动客户端的平台上，央视新闻仍需保持权威性和对民生的关注，故而其客户端的风格强调严肃、严谨和客观。

(二)生态功能：传统主流媒体应提升互联网技术水平

在移动互联网时代，新闻客户端是人的视觉、听觉、触觉等感官更为全面的延伸。技术为新闻客户端的功能开发提供了无限的可能，使

媒介更加智能化、个性化,用户在新闻客户端上的互动体验感更优,乃至接近人与人之间的"全媒体传播"。

因此,更注重功能开发、更注重用户的感官需求和体验的新闻客户端更能吸引用户,也更具备竞争力。当前,我国几大主要商业媒体的新闻客户端始终以用户为中心,所开发的功能让用户获得了与以往完全不同的新闻阅读体验。其中,利用大数据进行精准推荐更是在感官上实现了与用户"一对一"的传播交流。但是,大多数主流媒体的新闻客户端的媒介功能单一,分类简单,有阅读、订阅、推送、视频浏览等基本功能,但缺乏特色功能,用户个性化设置不足,导致用户体验不深入且互动性差,未能形成主流媒体新闻客户端的差异化和独特竞争力。所以,技术研发、功能设计是主流媒体新闻客户端需要加强的方面,也是主流媒体新闻客户端优化用户服务体验的前提。

(三)运营能力:传统主流媒体全媒体转型困难的症结所在

眼下大量主流媒体选择将内容免费给各大互联网渠道去分发,把话语权、定价权让渡,这么做的核心症结是传统主流媒体自有新媒体平台没有运营起来。不论是门户网站、网络电视台还是移动客户端,大部分主流媒体都做得不够好。

长久以来,传统广电媒体严重依赖收听率或收视率来评估内容价值大小,这是导致其内容产品运营能力不足的原因之一。一直被视为"行业货币"的收听率和收视率,其实并不能完全反映内容的真正价值。广电媒体自身在时长和空间上的局限以及较弱的互动性,导致内容产品的价值潜力无法被激发,而单一的收听率和收视率的评估体系,导致大量优质的内容题材被弃置。这一思维定式被移植到新媒体

## 第六章 主流媒体如何建设自有新媒体平台

平台之后,无法让精准细分的用户买单,久而久之,导致新媒体渠道运营能力低下。因此,提高运营能力,才是传统主流媒体向全媒体转型的关键。

### 二、主流媒体自有新媒体平台的内容生态

**(一)新闻来源:决定不同的开放模式**

主流媒体新媒体平台为了维护自身的权威性和可信度,在新闻来源方面进行了严格把控。一般来说,主流媒体新媒体平台的内容主要来源于其母体,独家性和原创性的新闻比例较高。

互联网时代,受众对新闻的认可范围早已扩大,许多新型自媒体成为受众新的新闻接收渠道,"网络大V"发挥着比以往更大的作用。"网络大V"越来越成为独立的传播人,他们凭借其个人魅力聚集众多粉丝,在新闻传播过程中起着重要的导向作用。

然而,当前许多主流媒体的新媒体平台仍然对网络热点视而不见,内容上缺少与受众的亲近感,培养自己的"网络大V"和正面"意见领袖"的力度不够,显得较为闭塞。内容来源的局限、开放程度的不足直接导致了传统媒体新闻客户端的裹足不前。所以,在内容选择上,传统主流媒体的新媒体平台应摒弃老旧的"手工作坊"式的新闻生产模式,加大开发力度,引入人工智能、大数据标签等技术,在保证新闻真实的前提下,为用户提供更为丰富的新闻产品。

**(二)选择标准:形成有差别的内容主体**

在新闻内容的选择上,新闻价值、宣传价值、新闻政策、新闻法规

等共同形成新闻的选择标准。主流媒体在长期新闻报道中形成了较为稳定且有自身特色的新闻选择标准,主流媒体旗下的新媒体平台在新闻选择上也基本保持着与母体的一致性。

在互联网飞速发展的今天,新技术为新闻媒体向每一位受众提供个性化新闻产品创造了可能。主流媒体应加强对新传播生态下信息传播规律的研究与探索,加快建立融媒体新闻的选择、整合与传播的标准体系与评价规范,全力向融合型、智慧型的新形态主流媒体迈进。

此外,还应在内容的选择上有所侧重。如央视新闻坚持宣传报道的高标准,通过严格的新闻内容选择,将旗舰节目《新闻联播》从新闻中心的"头条工程"拓展为总台的"头条工程",从而为以点带面,形成差异化的内容传播提供了可能。

(三)表达方式:产生迥异的用户体验

主流媒体新媒体平台的内容表达强调新闻专业性,这要求记者以客观的态度去报道事实的真相,把事实的原生态展现在读者面前。主流媒体新媒体平台在内容上表现出冷静、客观、力求准确的报道态度,在标题上多以实标题为主,很少使用虚标题。而商业媒体的新媒体平台在内容表达方面常诉诸感性,主观性、情绪化是其新闻内容常见的特征,新闻标题多以虚实结合为主,常用比喻、夸张、引用等修辞手法,易激发受众情绪。

近年来,许多主流媒体开始尝试活用互联网思维创新话语表达方式,在守正创新的前提下,研究互联网话语表达习惯,将主流意识形态与时政内容进行整合包装并立体输出,打造创新型时政品牌IP。《新闻联播》一直以来是大众关注的热点、紧跟时代的重要窗口,近年来,

《新闻联播》通过语态创新,结合互联网话语表达方式,进一步拉近了官方舆论场和民间舆论场的距离,这势必会提升用户黏性,强化品牌传播,延伸主流媒体价值链。

### 三、主流媒体自有新媒体平台的受众生态

(一)受众定位:城市高收入年轻群体

手机新闻客户端作为在手机上阅读新闻的终端,其受众群体与手机阅读用户存在一定的重合。因此,可以根据手机阅读用户的统计数据来观测手机新闻客户端的受众特征。根据艾瑞咨询《2019 中国数字阅读行业研究报告》,在读者年龄方面,24 岁以下的 95 后占比最高,达到 31.4%,30 岁以下的读者占比近六成,35 岁以下的读者覆盖率更是高达 85.8%。在地域分布方面,广东省的数字阅读用户占比最高,其次是江苏省与浙江省。数字阅读用户多集中在东部经济较为发达的地区。①

另据艾媒咨询的《2017—2018 中国手机新闻客户端市场研究报告》,中国手机新闻客户端用户规模达 6.36 亿。在收入方面,月均收入 1 万元以上用户占 15.9%,高收入(月均收入 1 万元以上)人群偏爱传统媒体类手机新闻客户端。②

以上数据为主流媒体自有新媒体平台的受众定位提供了一定借鉴。主流媒体自有新媒体平台的目标受众应包括但不限于一二线城

---

① 艾媒咨询.2019 中国数字阅读行业研究报告[EB/OL].(2019-06-26)[2019-10-21].www.iimedia.cn/tag/.
② 艾媒咨询.2017—2018 中国手机新闻客户端市场研究报告[EB/OL].(2018-03-22)[2019-10-21].www.iimedia.cn/tag/.

市的较高收入的年轻群体。完成对这一群体的有效传播,能有效提升主流媒体自有新媒体平台的影响力、引导力、传播力和公信力。

(二)用户思维:满足受众的新闻需求

1974年,E.卡茨在其著作《个人对大众传播的使用》中首先提出"使用与满足"理论。该理论是站在受众的立场上,通过分析受众对媒介的使用动机和获得的需求满足来考察大众传播的。该理论认为受众通过对媒介的积极作用,制约着媒介的传播过程,并指出个人使用媒介完全基于个人的需求和愿望。[①]

在Web3.0时代,受众的个人需求和愿望更是成为新闻客户端运营的关键要素,只有树立用户思维,洞察受众需求才能有效吸引用户,建立与受众之间的稳定关系,这是建设好主流媒体的新媒体平台的核心。

## 第三节　主流媒体建设自有新媒体平台的路径探索

从Web2.0时代到Web3.0时代,移动新闻终端也在不断进行自我革新,向着智能化、精准化、沉浸式的传播模式发展。中国人民大学新闻学院的匡文波教授认为,"单一的新闻客户端市场不会很大,新闻客户端要应对社交媒体的竞争,需要发展成为一个综合应用平台"[②]。主流媒体建设自有新媒体平台须在平台的搭建与运营、内容的布局与深耕以及媒资的管理与开发等方面不断探索实践。

---

① 路超.中国手机新闻客户端发展现状与趋势分析[J].传播与版权,2014(1):82-83.
② 匡文波.手机媒体:新媒体中的新革命[M].北京:华夏出版社,2010.

# 第六章 主流媒体如何建设自有新媒体平台

## 一、平台搭建：主流权威 全效传播

主流媒体的自有新媒体平台既是党和国家的媒体平台，也是人民群众的媒体平台；既是新闻传播平台，也是数据整合平台；既是舆论引导平台，也是社会服务平台；是具有多重属性、多种功能的新型聚合平台和主流权威的媒体平台。在新型主流媒体的自有新媒体平台建设中，须发挥党媒主流权威影响力，积极运用信息革命成果，拓展新闻传播、舆论引导、社会公共服务、教育、娱乐等多种功能，通过精准传播、双向互动以及科学化的效果评估，实现在全媒体环境下平台影响力的全面提升。

(一)坚守主流权威，占领传播高地

主流媒体的自有新媒体平台要在"主流"上下功夫，在"权威"上做文章，在"公信力"上求突破。坚守主流权威的新闻传播功能，坚守主流权威的舆论引导功能，这是主流媒体国家意识和社会责任的体现，也是其在新的媒介环境下的传播优势，更是新兴媒体、商业媒体、地方媒体所不具备的独特优势。

面对纷繁复杂、众声喧哗的舆论环境，主流媒体应充分发挥自身拥有的权威地位和优质资源优势，坚持导向为魂、内容为王，坚决守住、守稳、守好主流舆论阵地，不断扩大主流媒体的现实影响力，使自己成为主流价值观的坚定引领者。

权威性体现了主流媒体在社会中的公信力和在公众中的影响力，是由主流媒体的定位和属性决定的，也是在长期发展中形成的。主流媒体应通过不断增强党媒意识，提高政治站位，确立主流媒体在新型传播环境下的高起点、高站位,从而迅速占领新型媒介环境下的传播高地。

(二)引领跨屏传播转型,增强用户黏性

从传统主流媒体平台到主流融合平台型媒体,不仅意味着媒体需要挣脱传统媒介自身在传播渠道和效果上的束缚,进化为融媒体形态,而且意味着主流媒体的传播能力需要重新定义。

以电视媒体为例,电视媒体的资源与内容一般在电视端呈现,但也需要根据使用习惯和情境模式为新媒体"重塑"或"新生"视频内容,立足大屏、发力小屏、多屏互动,实现跨屏传播。

(三)打通垂直渠道,实现精准传播

随着Web3.0时代的来临,大数据、云计算等技术为媒体实现精准传播提供了前所未有的有利条件。要建设新型平台,必须先建设自有智能终端来采集用户阅读习惯、生活方式等相关数据。一则通过互联网采集、接口导入、历史数据导入、远程汇聚等各种方式,将内部资源、互联网资源、第三方资源等汇聚到大数据资源中心,建立起属于自己的用户大数据资源体系和大数据资源平台,从而打通垂直传播渠道,向分众传播、垂直传播、精准传播转型。

二则通过准确把握用户群以及潜在用户群的需求,提供分众化投放产品服务,把信息精准、及时、智能地分发给用户,以满足不同群体、不同场景下的需求,从而重建用户连接,最大限度地黏住用户,实现平台与用户的深度融合,全面增强舆论引导能力,扩大主流价值影响力版图。

(四)创新传播方式,促进全息互动

媒介技术的发展日新月异,为媒体提供了丰富多元的传播形式、渠道和载体。直播、短视频、VR、竖视频等创新形式,适用不同渠道、不同场景和不同受众,体现多元化表达,产生了平台与用户之间双向互动的新型关系。

大数据分析结果能使相关部门及时把握新闻报道的传播效果和舆情动态,并根据大数据提供的有效信息进行科学决策,从而高效指导宣传报道相关工作,有效提升主流媒体的服务与管理能力,为正确引导舆论、维护政治安全和意识形态安全保驾护航。

## 二、内容布局:独家原创 全民话题

中央广播电视总台的《新闻联播》《焦点访谈》《新闻1+1》《新闻调查》《中国之声》等视听新闻、舆论监督、新闻评论、深度调查品牌栏目坚持为国家发声、科学监督,生产与制作能力强,社会影响力大,形成了独特的品牌效应,优势明显。在媒介融合时代,总台新媒体平台的内容布局应以内容创新增强核心竞争力,以用户为中心创新话语表达体系,以跨屏融合内容构建媒体新生态。

(一)以内容创新增强核心竞争力

移动互联时代,视频网站、社交媒体与传统电视之间从技术的竞争发展到渠道的竞争,归根结底最后呈现为"内容"的竞争。正如习近平总书记强调的:"内容永远是根本,融合发展必须坚持内容为王,以内容优势赢得发展优势。"以总台为代表的主流媒体,在搭建好自有新媒体平台之外，还应继续深耕高口碑、精品化的原创内容，从而保持其核心竞争力。

第一，独家内容凸显媒体公信力。总台具有独家和权威这些新兴媒体、商业媒体、地方媒体无法比拟的传播优势，例如对重大事件的独家直播、在时事新闻报道等专业领域强有力的话语权等。独家内容能借助总台的媒体平台实现传播价值的最大化，也是实现其引导力、影响力和公信力的重要优势。总台应继续发挥带动广播电视媒体发展的旗舰作用，把准方向、把好导向，引导社会热点，加强国际传播能力建设，守护好准确、权威、专业的"金字招牌"，以独家、原创为目标，向世界讲好中国故事。

第二，"头条工程"引发全民话题。应继续坚持宣传报道的高标准，将《新闻联播》"头条工程"拓展为总台"头条工程"，推动习近平新时代中国特色社会主义思想和总书记风采报道"天天见、天天新、天天深"。如抓取习近平总书记重要讲话中的金句、妙语娓娓道来，丰富镜头语言，捕捉细节故事，寻找共鸣点，增强感染力，在上天入地、润物无声上下功夫，让习近平新时代中国特色社会主义思想"飞入寻常百姓家"。

第三，新技术助力节目内容创新。随着VR技术、全息投影技术、直播技术的广泛应用，电视新闻节目内容的外延进一步拓展。一方面，应继续应用高科技，使内容产品的呈现方式更为丰富和多元，给观众带来全新的视听享受；另一方面，技术不仅是手段也是节目内容，应助力一大批新技术从幕后走向台前，从小众走向大众，使之成为电视新闻节目的内容主体。

## (二)以用户为中心创新话语表达体系

互联网时代,以用户为中心的观念深入人心。强化用户思维,以平等的姿态加强与用户的互动,引导用户参与内容生产是主流媒体自有新媒体平台提升内容生产力的必由之路。

第一,通过融媒体数据库分析用户画像。在此基础上分析新闻受众的兴趣爱好、生活习惯、消费观念、收视特点等,为新闻内容生产、传播、广告植入等提供更为精准的参考依据。区别于传统的收视调查,用户画像置于内容生产之前,在新闻产品前期策划时就能根据画像结果精准导入受众需求,定向推送对受众有价值的内容产品。在此基础上,通过对观看数据的深度分析,从宏观上把握受众的收视习惯与偏好,从微观上捕捉受众的兴趣点、兴奋点、动情点,从而改进节目的叙事节奏和整体设计。

第二,活用互联网思维创新话语表达方式。在守正创新的前提下,研究互联网话语表达习惯,将主流意识形态与时政内容进行整合包装并立体输出,打造创新型时政品牌 IP。

第三,精心培育新媒体评论品牌。评论是媒体的标杆,集中体现媒体的态度与价值取向。2019 年以来,以新媒体为依托,总台推出时政评论"央视快评"和国际问题评论"国际锐评"各百余篇,做到了重要讲话、重大活动、重大事件必发声、快发声、稳发声,被称为时政评论的"轻骑兵"。这些时政评论稳妥把握"时度效",突出"真、短、快、活、强"的特点,做到了台网并重,广泛传播。同时,总台还创新推出新媒体产品《主播说联播》以及《主播的 Vlog》等,注重长话短说、官话民说,迅速成为新媒体品牌刷屏之作。

### (三)以跨屏融合内容构建媒体新生态

随着5G、人工智能等技术的不断演进,移动媒体必将进入加速发展的新阶段。推动主流电视媒体融合发展,必须顺应移动化大趋势,强化移动优先意识,实施移动优先战略。

第一,创新移动新闻产品。优质新闻内容是主流媒体的立身之本,要遵循新闻传播规律和新媒体发展规律,重点打造与主流媒体气质一致的移动新闻精品;创新内容表达,丰富呈现形式,推出直播新闻、互动新闻、可视化新闻、大数据新闻、机器人新闻等多种样式和形态的移动新闻产品,做到人无我有、人有我优。

第二,延展渠道与平台。移动内容生产应以短小精悍、鲜活快捷、"微言大义"为主,即时采集推送信息,快速送达用户,在传播中抢得先机,同时方便人们利用碎片化时间阅读和观看。另外,还应与电视联动,实现多屏互动,增强用户黏性,将"看电视"的被动接收转变为主动参与。

第三,充分利用技术赋能。将信息化革命的最新成果,如5G、大数据、云计算、物联网、区块链、人工智能等先进媒介技术应用于媒体生产全流程中,用技术倒逼内容生产的移动化、网络化与智能化,实现内容生产力和品牌传播力的提升。

### 三、媒资战略:版权运营 深度开发

在新技术迭代的潮流之下,传播方式和传播渠道的变化是时代发展的必然,但媒体的产业本质是版权产业,传统媒体机构如果有足够多的稀缺性优质版权内容,并拥有源源不断生产这些稀缺版权内容的

能力,就不怕新媒体新技术的挑战。掌控优质版权内容,整合渠道,融合媒介,打造新渠道,是媒体得以长久生存的必由之路。

长期以来,我国广电媒体作为新闻单位,掌控渠道和传播平台,收获庞大的受众注意力资源,成就了广告的高速增长,也导致了版权运营基础的薄弱。在互联网和金融资本的冲击下,传统主流媒体越来越难以维持渠道和优质内容的优势,因此广告收入下滑成为必然,长期被掩藏的内部问题开始凸显。将媒资的运营与开发提高到战略高度,构建媒资价值发现体系,推进智库化媒体建设,已成为主流媒体建设新型自有新媒体平台的必由之路。

(一)树立动态化的版权观,力推版权运营走出去

媒体融合时代到来后,"交互式传播"较之"线性传播"更占主导地位,广电行业的内容生产流程势必要从以时段填充式制作为主,转向以版权产品式生产为主。在摸索广电版权运营的过程中,不少广电媒体都曾经试图用类似管理固定资产的方法来管理版权资产,试图把历史库存及当下在播的全部节目进行确权清算,认为只要经过版权确权清算,这些节目就会像大楼和设备一样,一劳永逸地成为我们宝贵的资产。

1.树立动态化的版权观念

事实证明,片面静止的版权观念不符合版权资产的特殊性。保护期限与授权期限的有限性、授权权能的精细化拆分,都决定了版权在实际运营中的动态化。动态化的版权观,意味着应先规划设计好经营和使用哪些特定的内容产品,然后再动态化地处理、配置其版权权益。我们要让版权动态地服务于内容的运营和传播,而不能让静态的版权

状况来决定内容的传播和运营。

在Web3.0时代,版权运营在本质上是"强势内容"和"头部作品"的生产者确保媒体自身竞争优势的制度工具。对于"强势内容"和"头部作品"来说,应毫不犹豫地拿起版权制度工具做好预警、监测和维权工作;对于其他内容来说,可以充分权衡利弊得失,考虑是否启用版权制度工具以及将其使用到何种程度。活用版权制度工具的本质,是在版权运营中增强具体问题具体分析的能力,杜绝"为了做版权而做版权"①。

所以,主流媒体在节目制作过程中,应将版权开发前置,在节目策划制作的前期就对节目版权进行系统规划。只有版权开发前置,才能确保内容版权的完全性,这是构建完善内容版权生态链的基础。在此基础上,围绕内容IP,所有可以纳入版权开发范围的各媒体平台的播放权,主题公园、餐厅、服饰、玩具等衍生产品的开发以及游戏等品牌授权等,都是版权工作的重点。

2.以技术、人员为保障,细化拓展版权运营方式

要做好媒体的版权经营和开发,就必须设立专门的版权运营部门,配备专业的版权运营人员,以技术为保障,细化拓展版权运营的方式。

一则,版权运营人员队伍构成必须科学合理,要有精通著作权的专业人士。一方面,在版权开发过程中就解决作品中所有素材的确权问题,在节目生产过程中保证未来版权的开发不存在任何侵权情况,不影响版权的进一步开发;另一方面,面对互联网环境下存在的侵权

---

① 王昆仑.全面开启广电版权运营的"2.0时代"[J].中国广播电视学刊,2019(9):1.

问题,由专业人员进行专业的维权工作,以保证自身版权价值不流失。

二则,版权的运营和开发不仅包括内容产品的打造,还涉及价格的制定、版权渠道的开发和拓展、版权产品的推介等问题,因此应细化拓展版权运营的方式,涉及版权运营的问题必须予以综合考虑。而这些都需要专业人员的保障。

3.提升内容产品质量,力推版权运营走出去

媒体版权的经营与开发最终还得落实到内容本身的质量上。只有生产出优质的内容产品,才能真正提升媒体的影响力,拓展版权开发的价值。

近年来,主流媒体在内容产品质量上有了很大提升。2018年4月7日,中央电视台《国家宝藏》《朗读者》《经典咏流传》、湖南卫视《声临其境》、东方卫视《天籁之战》、北京卫视《跨界歌王》、腾讯视频《明日之子》、恒顿传媒《功夫少年》和千足传媒《好久不见》等国内原创节目,首次以"国家单元"形式集体亮相戛纳电视节主活动单元——"Wisdom in China"中国原创模式推介会,并达成多项版权合作意向。内容产品质量的提升,一方面从根本上提升了主流媒体版权开发的价值,另一方面也真正落实了"文化产品走出去"政策,提升了我国文化产品的国际影响力。[1]

(二)围绕IP运营打造产业链,构筑版权运营生态圈

版权运营是一项系统工程,在面临生存危机的当下,主流媒体应逐步从过去内容产品的提供方或单一的出品机构向多元化版权的运

---

[1] 李艳梅.融媒变局下我国广电媒体版权的经营与开发[J].传媒,2019(6):3.

营机构转变，变版权价值的一次性消费为多次的立体化消费，不仅把版权当作一种经济手段，而且要把版权战略上升为媒体战略。

打造高质量IP是版权运营的核心，但也只是版权运营的开始，必须打通传统媒体播出、网络点播、作品发行、周边衍生产品开发、娱乐游戏品牌授权等产业链条，才能最大化地变现IP价值。只有具备强大的价值变现能力，才能保障IP研发和生产的巨额投入，形成产业链闭环，构建起版权运营生态圈。

电视媒体已经意识到其独特的版权资源优势，因此提出基于"大综艺、大新闻、大体育、大纪录"的版权运营战略，尝试开展版权授权、付费点播、图书出版、手游、音频开发、新技术应用、周边产品、品牌授权等各项业务，开始打造版权产业链条。

在我国广电现行体制下，主流电视媒体的首要任务是把好播出关，保证意识形态安全，确保正确的舆论导向。在保证国有资产保值增值、符合国家政策法规的前提下，以IP为核心的版权运营完全可以突破体制之外，面向市场进行公司化运营，其运营主体应该包含以下四个业务板块：

第一板块是IP研发生产。组建若干团队，以公司的运作方式，对接社会资源（包括人才、资金等），进行原创IP的创意、研发以及自制和委制，可开发运营版权价值高的节目类型，如电影、电视剧、纪录片、综艺节目等。

第二板块是版权节目发行。面向国内外市场，进行内容产品的多轮销售，包括传统媒体和网络媒体；产品形式可以是完整节目，也可以是短视频、切条素材等。

第三板块是IP品牌授权。根据IP特点,向合作伙伴(包括自有公司)广泛开展IP衍生品开发授权,包括图书音像出版、周边产品、音频使用、新技术新领域应用等。

第四板块是IP产业开发。围绕大IP进行休闲娱乐产业开发,如打造主题乐园、开办夏令营、建立教育培训基地等。

四个板块中最为核心的是节目研发生产,版权节目发行、IP品牌授权、IP产业开发这三个板块都是传统广电媒体相对陌生的领域,商业程度高,需要组建下属公司或控股公司,聘用和培养专业化的人才团队来运营。

在互联网时代,商业竞争已经从产品生产、销售环节的竞争,发展到产业链竞争,最终上升至生态圈之间的竞争。传统媒体的IP运营,同样需要围绕IP来打造产业链闭环,最终构建版权运营的生态圈。借助大型互联网平台的流量,以提供优质内容为资本,与网络平台进行产业链合作,是传统媒体在移动互联网时代依靠版权运营破解困局的一条可行路径。

(三)构建广电媒体版权运营保障系统

1.制定完善的版权管理制度,建立版权运营所需的长效激励机制

版权管理的目标之一,是通过版权管理处理好节目前期制作过程中的版权关系,为后期开发创造条件,实现节目版权价值的最大化,因此必须建立一套行之有效的管理制度。

由于版权管理具有复杂性和专业性,因此需要在领导层面组建一支专业高效的管理队伍来协调处理媒体内外的版权节目生产、播出、运营以及版权确权、授权、保护等相关工作。

版权管理规定的主要内容是要明确各部门在版权管理事务中的职责、权限和工作流程,明确节目生产中可能遇到的法律专业问题、节目采购中需保证的权益、版权经营工作中经营授权与考核、开展节目网络传播的途径、各部门涉版权工作的职责、节目版权如何反侵权等事项,并对配套的节目版权信息登记、合同版权审核、版权合同备案、版权工作纪律等作出规定。

2.建立五位一体反侵权的版权保护体系

当前,广电作品的网络侵权成为困扰行业发展的焦点问题之一。针对网络侵权维权难的困境,现实可行的思路是先围绕重点节目,监控重点网络平台,保护好核心资源,建立五位一体的反网络侵权体系。

一是及时进行重点节目的版权登记。对重点节目进行版权登记工作,目的是确定维权的权属证据。

二是提前对重点节目进行版权许可,尤其是信息网络传播权的许可。如是独家许可,那么被许可网站必然会为了维护自身权益而主动反侵权;如是一般许可,版权方则要承担反侵权义务,以此维护客户权益。

三是发布版权声明和公告,提前做好维权预警。在信息网络传播权许可工作完成之后,通过各种传播渠道发布版权声明,并向各信息网络传播平台发预警函,开展事前维权防控,明确权利人对节目著作权的主张,包括权利归属、获得授权的视频网站名单、侵权责任追究等方面的内容。

四是全天候实时监测各信息网络平台的侵权传播行为。委托专业律师事务所或专业互联网监测机构,建立覆盖主要信息网络传播平

台的监测网,进行24小时监测,并及时取证。

五是以维权促合作,牢牢树立打赢典型官司的决心。一旦侵权行为发生,应第一时间进行制止,保留追究法律责任的权利,通过维权争取版权合作。对于拒绝合作、侵权行为特别恶劣的,应开展自主维权诉讼,或进行风险代理诉讼,通过打典型官司,体现维权决心。

传统媒体只有意识到版权保护的重要性,站在战略高度对版权进行保护、开发,重新探索内容创作和渠道分发之间的关系,建立更加合理、合作共赢的内容生态链,围绕版权进行多样化开发利用,才能挖掘出版权应有的价值。

3.建设节目版权信息管理系统

过去,我国电视台的节目信息记录以基本信息为主,版权信息基本没有涉及。事实上,在节目立项、制作、购买、播出、入出库、开发业务等全流程各环节中均会产生版权信息,只有将这些信息汇总后才能从总体上反映某一节目的完整版权状态。

节目版权信息至少应包括:在播在制在研的自制节目版权信息、采购节目版权信息、版权经营信息数据库、库存节目版权信息等。用规范的方式和统一的标准记录、采集版权信息,将节目全流程中各环节的版权信息进行汇总,是版权管理的重要手段。版权管理部门的重要职能之一就是从各环节采集信息,建立信息数据库,对数据进行汇总、检索、统计、分析、管理。

中央电视台较早启用现代化手段来管理海量版权信息,主要做法有:一是在央视综合信息网节目生产管理系统中设置了节目版权信息记录软件。二是在回溯清理库存节目版权信息和开发版权信息记录审核软件的基础上,建成了中央电视台版权信息数据库。三是将中央电视台节目版权信息著录到央视音像资料馆编目数据中,实现了节目版权信息与媒资信息的融合。

节目版权信息管理系统的建设是版权管理运营的基础工程,通过全流程版权信息的采集、核对和确认,可以明晰内容资产的权属,摸清家底,实现"清产核资",为后续使用规避法律风险,同时为节目版权的多次开发提供指引,实现节目版权价值的最大化。

# 第七章　如何打造现象级爆款产品

在融媒体时代,媒介技术、用户、市场发生巨变,传播格局呈现出全新的特点:用户角色在"传播者"与"接收者"间自由切换,市场从"内容为王"转为"用户为王",平台从单向"营销"转变为与用户"共存",技术实现了用户个体时空的延伸,用户对媒体产品的消费从"时间缩短"到"频率上升",消费的主动权和自由度得到极大提升,等等。① 传播格局的变化使得用户对媒介所建构的"拟态环境"②的认知发生改变,用户通过与媒介的互动,形成对现实世界的拟态还原并最终作用于现实环境。

在全新的媒介环境中,如何建构用户与媒介的信任关系?如何创新传媒产品的生产路径,并使其在产品环节表现为现象级爆款产品?其创新重点应着眼于策划与设计、内容与平台、传播与效果几个方面。

---

① 李彪,刘泽溪.思维、创意与技术:融媒体时代传媒产品的生产路径创新[J].新闻战线,2018(5):4.
② "拟态环境"(Pseudo-environment)概念,由美国学者李普曼在《公众舆论》一书中提出,意指媒介建构的现实不是对客观现实的"镜子式"反映,而是产生了一定的偏移。

## 第一节　策划与设计

### 一、以新媒体语境拓展新闻品牌

移动终端的普及是新媒体时代的显著特征,新闻的呈现由大屏转为多屏,现象级爆款产品需要贴合新媒体的语境,实现"终端随人走,信息围人转"。秉持着"新闻立台"的中央广播电视总台不再将新闻报道局限在严格的时间与形式规范下,而是结合新媒体的传播策略,对新闻内容进行"捕捉、关注、延展",实现从信息核心到新闻深度的全方位呈现。

打造多平台共振、全方位传播的新闻矩阵。中央广播电视总台始终站在国家主流媒体的高度,坚持导向为魂、新闻立台,精心打造"头条工程"和"央视快评",不断深化主题主线宣传。2019年全国"两会"期间推出的新媒体特稿《时政新闻眼》、原创微视频《人民代表习近平履职记》,在全台首页、首屏、头条同频共振,在社会上引起强烈反响。时政评论专栏"央视快评"以两微一端为第一落脚点,让稳妥把握"时度效"的文字评论作为视频新闻的有力补充,成为融媒体时代总台新闻宣传的新品种。

打造呼应主线宣传、延展"后台"信息的新闻产品。移动互联网时代,中央广播电视总台延续《新闻联播》的主线宣传,推出《主播说联播》短视频产品。"高高在上"的主播不再是正襟危坐,而是以对话、聊天的语气面对观众,在两三分钟里清晰传递自己看待热点新闻事件的态度和立场,消除了大众对《新闻联播》及其主播严肃刻板的印象。此外,《主播说联播》的内容多为《新闻联播》中重要新闻内容的延伸,这既增加了《新闻联播》的亲民性,也深化了受众对于新闻信息的全方位理解。

打造守正创新、具有网感的主持人IP。创新、坚守、梦想、态度、专注是中央广播电视总台主持人的标签。如在新媒体产品《主播说联播》中,康辉、海霞、李梓萌等主持人网感浓郁,或结合国内外时事新闻频发金句,该高大上绝不低姿态,该接地气也绝不端架子。主持人不仅个性鲜明、魅力突出、充满"网缘",而且与节目一起常登"热搜"、频被"转发"、迅猛"涨粉",成为总台改革文风语态、增强好感认同、获得喜爱支持的IP担当。从大屏到小屏、从长视频到短视频,具备浓厚网感的主持人都是亮眼加分的IP,在对内传播方面,展现个人亲和力、感染力和接近性;在对外传播方面,彰显中国立场、中国态度和中国气派。

## 二、以独家原创内容打造文艺精品

当下,多数电视、互联网媒体或选择照搬国外的综艺模式,或利用明星效应来提高节目的收视率,使得国内的电视综艺节目呈现出同质化、泛娱乐化等问题。在这种严峻形势下,作为国家级媒体的中央广播电视总台组织实施了"名人名品名栏目工程",推出了众多与新时代相匹配的广播电视文艺精品,构建起中国式文化类节目的典型范式。

《中国诗词大会》掀起了诗词之美的国学风潮;《朗读者》锻造了从荧屏延展至线下的全民现象级文化事件;《国家宝藏》被盛赞开启了

"2018古典文化元年",两季全网视频平台播放量突破24亿,累计微博话题阅读量50亿。这一系列文艺精品,迅速成为全民共享、称道的爆款节目,既彰显出中央广播电视总台的媒体责任担当,也为中国文化的传播开辟出一条原创道路。

站位高远,从个人温情到时代价值的引领追求。国产原创文化类电视综艺节目的典范之作——《朗读者》,自2017年第一季开播后,就迅速赢得了极高的人气,被众多媒体称赞为真人秀综艺节目中的一股清流。① 《朗读者》是将个人经历、情感体验与文学作品相结合,用最朴实的方式——朗读,来讲述文字背后的故事,从而引发受众的情感共鸣,形成对社会主流价值的情感认同。节目中的每位朗读者既是在分享经典的文学作品,也是在通过文学作品诉说自己的人生故事,用自己的人生感悟去传递传世佳作背后的意义与价值。2018年播出的《朗读者2》虽然传承了节目一以贯之的"个人温情"主线,但每期的话题从个人生活感悟的分享逐步上升到环境保护、器官捐献等社会话题的探讨,立意更为高远,内容也更具有时代感。因此,以《朗读者》为代表的文艺精品,在策划上选择了时代主题,站位高远,扩展了文化类综艺节目的意义与价值,深化了综艺节目的文化内涵。

形式创新,从文化竞赛到历史探寻的生动演绎。竞技对抗是综艺节目吸引受众的重要元素。《中国诗词大会》是中央广播电视总台"文化大会"传播矩阵中的一部分。② 从2013年推出的《中国汉字听写大

---

① 王晓晓.文化类电视节目的需求满足与生命力提升:从央视《朗读者》热播说起[J].新闻战线,2016(24):107.
② 高贵武,胡蝶.电视媒体的文化传承与技术(艺术)呈现:解析《中国诗词大会》成功之道[J].新闻与写作,2017(3):73.

第七章　如何打造现象级爆款产品

会》到如今的《中国诗词大会》，一系列"文化＋竞赛"类型的节目已发展成为自制的现象级节目。《中国诗词大会》中引入真人秀的竞赛机制，并且创新竞技手法，一度掀起全国范围内的诗词热。第二季《中国诗词大会》更是创新推出"飞花令"赛制，选手围绕一字、一词轮流吟诗，仪式化的对决形式使观众仿佛看到古人吟诗作赋的情景，使竞技变得具有艺术性，文化变得具有观赏性。情景演绎也是为文化类节目增加趣味性的一种重要方式。在 b 站、知乎、豆瓣等平台持续刷屏，引发新一轮"历史热"的现象级综艺节目《国家宝藏》，让演员以舞台表演的形式，生动演绎文物背后的一段段故事，将历史知识与表演艺术合而为一，以更接地气的现代语态带领受众探寻文物背后的历史文化。根据情景表演剪辑出的短视频内容，在微博等社交平台的播放量近4亿，引领受众以新视角关注传统历史文化。[1] 因此，创新形式是让文化类节目独特有趣、成为爆款的关键。

　　参与广泛，从线上互动到线下实践的品牌宣传。在新媒体的环境下，媒体从传者本位向受众本位转变。一系列文化类节目改变了以往单向线性的传播模式，在策划与设计上更强调从线上到线下的全民参与。《中国诗词大会》的题目设置难易兼备，还设立了与选手较量实力的"百人团"，让受众在观看节目的同时带入自身角色，参与到同"百人团"同步答题的过程中，不断增强与节目的联系和感应。短视频、H5等融媒体内容的开发、传播，使总台的文化品牌在线上互动中"火起来"。《朗读者》在线上传播的同时，策划出线下的朗读亭，打通了节目

---

[1] 武楠.融媒体时代文化类电视综艺节目的转型与超越：以央视《国家宝藏》为例[J].中国电视，2018(4)：85.

内外,使总台的文化品牌在线下广泛的实践中"动起来"。节目线上线下同步并举的策划设计,使受众全面参与到文化的体验当中,在增强节目黏性的同时,也全方位地塑造出中国的文化品牌,树立起文化自信。

### 三、以深度互动模式服务生活科学

电视媒体在节目的策划与设计中探索深度互动模式,不断增强产品与用户之间的黏性,逐渐形成以内容为基础,以新媒体为主导的深层次互动。国内首档原创泛科普综艺节目《加油!向未来》,从大众日常生活实践出发,以多样的互动打破科学与生活的界限,以深度互动模式提升用户的参与度,形成收视保障。

内容互动升级,公众思维直接参与策划。《加油!向未来》在前期策划阶段,就通过新媒体向用户征集科学实验方案,话题阅读量超过1.7亿,讨论量超过250万,共征集到近300份实验方案,这一行为使用户在节目播出前就已参与到互动中,同时突破了转发、评论等简单行为互动模式,是引导用户深度参与节目互动的成功实践。[①] 传统意义上的科学普及、知识灌输,演化为新一轮的思维引导、内容生产,打破了传统单向传播的壁垒。当用户个人从内容接收者上升为节目的生产和传播者时,就形成了个人对于节目的强依附性,爆款节目也就应运而生了。

跨屏互动升级,设计用户深度体验行为。《加油!向未来》第三季

---

① 孙振虎,鹿艺佳.电视节目互动模式的创新发展路径:以央视泛科普节目《加油向未来》第三季为例[J].新闻与写作,2019(4):86.

更加注重用户行为互动的深度,同名微信答题小程序平台的搭建,融合了延时交互传播与实时参与体验,用户可在电视、电脑终端观看电视节目的同时,利用手机终端实时参与答题,题目设置、答题环节、情景模式均与节目一致,用户可以选手的角色直接参与每一期节目。这种方式缩短了电视与用户间的距离,使用户获得沉浸式体验。这种跨屏互动模式的升级,是对媒体行业人力资源和业务结构的深层次重组,助推了媒介的融合发展。具有沉浸感的设计,深化了用户的体验行为,使受众与节目的关系更为友好。

## 第二节 内容与平台

习近平总书记指出:"对新闻媒体来说,内容创新、形式创新、手段创新都重要,但内容创新是根本的。"2019年1月25日,习近平总书记在中共中央政治局第十二次集体学习时再次强调,"主流媒体要及时提供更多真实客观、观点鲜明的信息内容,牢牢掌握舆论场主动权和主导权"。打造传播"爆款"产品,离不开内容意识与平台意识。

在内容策划、产品制作与发布过程中,媒体应树立内容意识,坚持正确舆论导向,坚持团结稳定鼓劲、以正面宣传为主,把握传播规律,不断提升内容品质、丰富内容表达,推出有思想、有品质、有温度的内容,坚持以真情实感、真知灼见打动用户;树立平台意识,让主流声音入耳、入脑、入心,传得开、传得广、传得更深入。

### 一、时机:切合时代需求 找准"引爆点"

现象级传播事件往往是因为抓准了时下人们的关注热点,契合了当前的舆论焦点,才找准了"引爆点"。在全新的传播环境下,社交媒体承担着信息传播功能,用户被赋予信息选择权、参与权,任何产品或信息经过大量的转发和关注才能成为爆款。在新的媒介环境和传播环境中,要常怀产品思维与爆款思维,在产品内容生产中追求极致、打造精品、创造爆款。打造爆款首先要找准"引爆点",即用户关注焦点,核心内容受关注程度越高、产品的传播价值越大,越易形成爆款。新闻传播工作者要时刻把握社会脉搏,找准"引爆点",进而围绕"引爆点"研究选题、策划方案、开发产品、传播主流声音。

关于新闻舆论工作中把握时机的问题,习近平总书记曾指出:"新闻舆论工作要整体把握好时、度、效,在掌握时机上下功夫,在把握力度分寸上下功夫,在讲求效果实际上下功夫,让主题宣传、典型宣传、成就宣传和突发事件报道、热点引导、舆论监督都能合时、适度、有效。"① 把握好新闻工作的时、度、效,时机是关键,媒介产品只有顺应时代发展需求、契合舆论热点、反映人民心声、满足群众情感需求,才能引发大量关注与转发,从而形成现象级爆款产品。

国庆70周年大阅兵期间,根据CSM媒介研究全国网数据,阅兵仪式收视总市场份额超过80%,总收视率超过20%。全国有超过4亿名观众,通过不同收看平台和渠道观看了此次阅兵仪式。其中,总台综合频道的收视率高达6.84%,超过2019年春晚收视率,创下2019年以来单频道最高收视率。此外,阅兵仪式网络直播点击量爆表。微博10月3日公布的数据显示,国庆直播累计播放量达到6.8亿,累计

---

① 欧向阳.深刻把握习近平新闻舆论重要论述科学内涵[EB/OL].(2019-02-15)[2019-10-25].http://www.qstheory.cn/zhuanqu/bkjx/2019-02/25/c_1124160629.htm.

## 第七章 如何打造现象级爆款产品

互动量达 1928 万。① 通过电视、电脑、手机等传播平台,阅兵画面进入千家万户,实现了亿万观众的同频共振。

毫无疑问,从电视端到移动端,国庆阅兵仪式已成为全民话题,是人们关注的焦点。此时,各大媒体紧跟热点,制作了形态多样的产品,全方位展示国庆阅兵,满足用户需求。例如,中央广播电视总台制作的融媒体产品"虚拟观礼台"开放多路信号,让观众多视角全景体验阅兵;在"AI 剪辑!大阅兵"专题中,AI 自动编辑 70 余个机位的画面内容,每个方队视频平均耗时 90 秒,共计生成近百个短视频;H5 新媒体产品《身份认证》《阅兵手册》《VR 带你看人民军队强盛阵容》《武器解锁大挑战》等一经发布便成为网络爆款。

此外,中央广播电视总台制作的短视频系列与微访谈系列也受到网友的喜爱。美兰德咨询提供的数据显示,截至 2019 年 10 月 7 日,央视新闻在新浪微博发布的短视频《此刻,一起转发!♯中国最帅天团 14 亿粉丝集合♯》点击量达 4316 万次,《阅兵式上震撼的脚步声从哪儿来? ♯兵哥哥的靴子里也有麦克风♯!》点击量达 2731 万次;在快手平台上发布的短视频《阅兵前的告白!现在圆满完成任务了,为爸爸自豪吧!》播放量达 1143.4 万次;在抖音平台上发布的短视频《"蔡雨婷,嫁给他!"没有求婚戒指,他拿出了最珍贵的阅兵勋章!网友:这门婚事,我们保了!》点赞量达 219 万次。② 在此期间,大量与阅兵相关的制作精良、创意新颖的产品成为网络爆款。

实践证明,每一个刷屏的爆款产品,都在某种程度上契合了当下

---

① 数据来源:CSM 媒介研究全国网数据。
② 数据来源:美兰德咨询数据。

的社会情绪和舆论热点。只有抓住时机,把握热点,找准情感交流的共鸣点,才能准确击中用户的痛点,才能让产品的传播力和影响力成指数级增长。因此,媒体产品的推出要讲究时机,抓住特殊节点,天时地利人和各方面条件都具备,产品的传播力和影响力才能发挥到理想状态。

## 二、用户:提供个性化服务　广泛触达用户

移动互联网时代,社交媒体盛行,传统的传播模式被解构,整个行业生态和市场格局发生了巨大改变。用户不再受时空的限制,对信息的主动权不断提升,个体的自由度和影响力迅速提升。在新的媒体环境中,用户成为传播的关键环节,以"用户为中心"成为市场的必然选择。

然而,网络信息空间的低成本与信息传播的空前便利也导致了信息泛滥,各类信息产品层出不穷,用户的注意力被大量产品消解成为稀缺资源。同时,用户的口味也变得越来越"刁钻",用户对产品的要求越来越高。传统媒体时代,用户选择面窄和被动接收的传播状态一去不复返,在用户的主动权和影响力提升,而用户的注意力和忠诚度被信息资源消解的情况下,如何抓住用户的心,重新构建用户与媒介的信任?

第一,深入了解用户,实现用户精准画像。成长于以用户参与为特征的Web2.0时代的青年们,其媒介素养和媒介应用能力与传统媒体时代的受众截然不同。尤其是在社交媒体中,他们将通过媒介构建的拟态环境与现实生活相勾连,形成全新的社交网络。而在媒介拟态环境与现实生活的互动过程中,"信息与真实的行为和事件联系得越

紧密，它们就越不容易被操纵和控制"①。因此，在用户越来越无法捕捉、信息传播的自由度不断提升的情况下，媒体必须不断提升对用户的认知水平，实现用户精准画像。目前，媒体机构基于大数据、智能算法，已逐渐实现对用户的个性化内容推荐、用户画像，根据用户需求提供服务。随着人工智能应用的进一步拓展，人脸声纹、自然语言理解、图像识别、场景识别等技术逐步发展成熟，媒体机构运用各项人工智能技术对媒资内容进行深度细分，给予多维度标签，将媒资内容全新编码、充分利用，实现前端用户的精准画像，为实现全方位、个性化、智能化的信息服务提供基础信息。

第二，提供个性化服务，吸引用户"常驻"，培养忠实有效的用户群体。在新的媒体环境中，用户是一个个鲜活的个体，有着截然不同的内容偏好与媒介使用习惯。培养和扩大忠实有效的用户群体须提供个性化的服务。媒体提供个性化信息服务的形式多种多样，不仅包括信息内容的个性化、应用界面的个性化、社交网络的个性化，还包括生产流程中基于"UGC＋PGC"模式而产生的个性化产品。UGC，即用户生产内容，这是社交媒体的重要特点。广义上的用户生产内容包含用户点击、填写、提供素材等动作。PGC，即专业内容生产。用户生产内容与专业内容生产相结合，形成个性化的媒体服务。目前，基于大数据、人工智能技术，从内容管理到内容发布，将逐步形成智能化的运用管理平台，伴随用户的内容将是用户最需要、最喜欢的，这样便最大限度地提高了用户的黏性，提升了传播能效。

---

① 梅洛维茨.消失的地域:电子媒介对社会行为的影响[M].肖志军,译.北京:清华大学出版社,2002.

第三,提供延展服务,基于社交功能扩大用户群。随着媒介技术的不断发展,最终将实现万物皆媒,拟态环境与现实环境连接在一起。① 媒体的社交功能是拟态环境与现实环境对接的重要途径。在社交网络中,产品服务并不止于个性化服务。每个用户都存在于一定的社会群体中,产品应具备拓展社会关系、辅助社会交往的功能。产品的价值不仅在于用户在使用过程中获得友好体验,更在于帮助用户构建社交网络中的社群形象,使用户通过使用产品创造并且强化网络社交体验。

### 三、社交:创意社交模式　建构媒介信任

在新的社会交往模式下,用户通过社交网络建立起大部分社会关系,也在社交媒体平台获取信息、发表观点。社交媒体成为人们构筑社会关系的重要渠道。通过社交媒体,用户在各自网络社群内建构起一套信息分享和信息交流的模式,并将由此而建构的社会关系信任转嫁为媒介信任。有学者认为,"当前传媒业所面临的一个重要问题就是我们传播的内容是否能够有效嵌入用户的社会关系网络,如果在这个环节出现问题,就可能死在社会传播的最后一公里。为了让内容具有穿透社会关系渠道的魅力,就必须在内容要素中注入更多的关系要素和场景要素"②。在社交媒体时代,现象级爆款产品的产生需要用户的广泛参与,实现从获取、参与到分享、互动的全流程的社交化参与。

---

① 靖鸣,张朋华.自媒体时代"拟态环境"的重构及其对大众传播理论的影响[J].现代传播,2019(8):73.
② 喻国明,景琦.传播游戏理论:智能化媒体时代的主导性实践范式[J].社会科学战线,2018(1):8.

因此，产品需要创新社交模式，从各方面扩大人与场景的连接，建构起新的媒介信任。

国庆70周年大阅兵期间，中央广播电视总台央视频推出H5产品《身份认证》，受众通过加入"人民方队"观看阅兵盛典全程直播，就能收获一张专属"受阅证书"，在线接受祖国检阅，以这样的方式参与国庆大阅兵，强化了用户的身份认同。央视频的此款H5产品通过专属"受阅证书"环节的设计，激起了用户在朋友圈等社交平台的分享欲，进而提升了用户体验，激发了其自豪感和爱国热情。

此外，央视新闻客户端还推出"虚拟观礼台"邀请函，邀请用户在线上、移动端收看阅兵式。用户点开"虚拟观礼台"邀请函，选择"专属虚拟席位"，系统会自动生成一张带有编号和观礼台专属虚拟席位的观礼券，供用户分享至社交平台。通过长按或扫描识别虚拟观礼券上的二维码，社交平台的其他用户也可以在"虚拟观礼台"上给自己"占座"，并在线上观看盛典全景。

在分享互动的社交化传播模式中，传播的主体往往由于"获得帮助他人的快感"[①]、"彰显自我效能"[②]、"提升个人声誉"[③]等原因而进行知识传播，并通过分享与互动的反馈不断强化传播行为。在移动互联网时代，"我说你听"的单向传播模式转变为"平等对话"的双向互动模

---

① KANKANHALLI A，TAN B，WEI K K. Contributing knowledge to electronic knowledge repositories：an empirical investigation[J]. MIS quarterly，2005，29(1)：113-143.
② CRISTIANO A. Collective knowledge communication and innovation：the evidence of technological districts[J]. Regional studies，2000，34(6)：535-547.
③ CHIU C M，HSU M H，WANG E T G. Understanding knowledge sharing in virtual communities：an integration of social capital and social cognitive theories[J]. Decision support systems，2006，42(3)：1872-1888.

式,依托社交媒体平台构建社群已经成为媒介经营的必经之路。

**四、精品:注重细节　强化用户体验**

互联网空间中信息传播的空前解放带来了信息洪流,也导致了信息选择的不自由。托夫勒在《未来的震荡》中曾这样预言信息洪流的负面影响:"过多的选择并不能使人从束缚中解脱,反而会带来原则的烦恼,甚至引发无法选择的选择。"对于这种尴尬的境遇,托夫勒将其形容为"选择将是超选择的选择,自由将成为太自由的不自由"①。在信息爆炸时代,用户更加青睐精品内容、优质信息和可信任的平台。精品内容需要从产品的细节着手,不断强化用户体验,满足用户需求。

第一,深入群众生活,引发情感共鸣。2017年"两会"期间,人民日报新媒体推出H5产品《我预约了一辆共享单车,想和你一起走过四季》,该作品借用日常生活中"共享单车"这一流行元素,按照共享单车的运动轨迹来讲述国家的进步,用熟悉的元素、贴近百姓生活的创意和精良的制作加深国人对"两会"的认识,吸引了大量用户参与、转发。人民日报"中央厨房"青创营推出的H5产品《史上最牛创业经》,引用时下热门的"创业"话题,以当代创业视角和视频的形式回顾先辈们的革命之路。同时,产品以独具特色的标题、生动鲜活的画面、酷炫的场景讲述,引发用户的情感共鸣,得到了更广泛的转载。②

第二,打磨细节,强化场景体验。2018年"两会"期间,大众网出品了一款音频分享互动类H5产品《大众网邀您读讲话》。该产品重视

---

① 托夫勒.未来的震荡[M].任小明,译.成都:四川人民出版社,1985:313.
② 李彪,刘泽溪.思维、创意与技术:融媒体时代传媒产品的生产路径创新[J].新闻战线,2018(5):4.

第七章　如何打造现象级爆款产品

用户体验,并在产品生产各环节都配备了专业人员:起用经验丰富的新闻编辑团队,对产品内容进行反复推敲斟酌;配备专业美编团队,打磨每个阅读界面,给读者带来很好的阅读体验;运用前沿技术,保证产品的使用流畅度。为了提供良好的用户体验,该产品结合用户的使用反馈,先后进行多次大的修改与调整,包括调整悬浮图标提醒、增加分享互动的元素、提供专业配音领读等。[①] 每款产品都需要从用户的角度出发,打磨细节,强化用户体验,使用户在使用中形成对产品和平台的信任与使用惯性,提升产品和平台的美誉度和品牌效应。

**五、情怀:情感赋能　展现主流媒体家国情怀**

家国情怀是牵动海内外华人的情感所在,也是主流媒体内容优势所在。好的产品关注用户需求与体验,并借助新技术、新形式,提升用户对主流媒体的认可度和黏性。

2019年春节前夕,武警部队政治工作部发布改革强军的短视频《中国武警,永远和您在一起》,引燃网络,"你不必记住我,你走在美好生活的路上,那就是我;你不必感谢我,你握住希望的双手,那就是我……"以军人的家国情怀感动了无数人。产品发布当天全网浏览量即突破1亿次。

中国青年报·中青在线曾在清明节推出H5产品《今天,请给他们一分钟》,在清明之时,用简单朴实的语言唤起用户对英烈的敬仰之心。产品以黑白灰为主色调,营造庄重肃穆的氛围,以虔诚恭敬

---

① 张瑞祯,陈月军."创新互动＋工匠精神"铸造融媒体产品:以大众网两会报道为例谈爆款融媒体产品打造[J].新闻战线,2018(5上):39.

之心祭奠英烈。2018年春节期间推出的H5产品《新春团聚时刻，AI让老照片重焕光彩》，则是利用AI技术翻新用户的老照片，在阖家团圆的日子里，用家庭情怀感染用户，吸引用户参与，点击量达50余万次。

不忘初心、牢记使命，以人为本、温暖人心，彰显家国情怀是主流媒体凝心聚力的职责和使命，更是对用户情感需求的满足。用户在媒介使用中自主意识不断提升，因此产品需更加注重用户的情感体验。

**六、悦读：娱乐化、轻便型的场景体验**

技术的发展使媒介使用场景转向移动化、伴随式。场景的改变不仅意味着信息载体的变化，而且对内容有了截然不同的要求。在移动化的阅读场景中，用户更加青睐娱乐化、轻便型的场景体验。

首先，实现悦读式轻便场景传播。用户的媒介使用场景已从固定转为移动、从单一场景转为多元场景、从静态转为动态，这就要求产品从简单的"阅读"变为"悦读"模式，使用户在轻松愉快的场景下接收信息。如H5产品《中国之声两会新闻动车组》，通过滑动屏幕启动列车，点击列车便可以看到新闻内容。产品将新闻融入到动态娱乐场景中，让用户在轻便的场景下获得信息。在多元媒介形态中，好的产品将作为媒介和人类情感需求的结合，让用户沉浸在悦读体验中。

其次，实现加入游戏元素的趣味场景传播。在碎片化阅读的背景下，用户的注意力成为稀缺资源，加入娱乐性的游戏元素可以吸引用户转瞬即逝的注意力，增加用户对产品的兴趣和热情。其中，时政新闻也可以融入游戏元素。例如,2018年全国"两会"期间,中国青年报·中青在线推出的H5产品《两会热词点点乐》,模拟深受用户喜爱的"消消乐"小游戏形式,将"两会"热词嵌入其中,点击量突破400万;在2015年APEC会议期间刷爆朋友圈的《元首服装秀》H5游戏,以"为领导人换装"的叙事策略吸引了大批用户。此外,娱乐化的叙事策略还可以让用户在轻松愉快的环境下获取信息。人民日报微信公众号推送的《我送部长开两会》,采用了"滴滴打车"的界面设计,部长成为"路边乘客",用户则化身"滴滴司机"。用户需要点击"抢单"获得与部长的聊天机会,对话结束后模拟送达界面,弹出"到达目的地去评价"。在这之后,又会弹出"继续接单"的选项栏,指引用户与产品进行深入互动。游戏化的叙事策略颠覆了单调的划动阅读方式,强化了用户的参与体验。

## 第三节 传播与效果

### 一、整合资源

从精品到爆款,还需要更多资源和渠道的"加持"。一款具有生命力的产品,绝不是制作完成就走到了终点。在传播过程中,只有整合资源和渠道才能使优质产品得到更好的传播。

为实现传播渠道的资源整合,中国青年报社设计了"三级传播标准",将产品传播分为三个不同等级,区分不同等级所调动的传播力度和范围。产品制作团队可根据作品的质量和价值申报传播等级,产品运营部门则积极整合资源、拓展传播渠道,确保优质内容的传播力。例如,H5产品《今天,请给他们一分钟》被划定为报社内部的一级传播等级,中青在线、中国青年报客户端、中国青年报微信微博矩阵便会多端齐发。此外,报社还充分发挥与共青团系统新媒体共建的作用,发挥中国高校传媒联盟的纽带作用,拓宽传播渠道。中青在线联合团中央宣传部,撬动了共青团的新媒体资源及新浪微博上一批"大V"资源,实现了指数级传播增长,进一步扩大了产品的影响力,使得优秀产品的传播层级更高,传播结构更加立体。这也是推广精品的有益尝试。

**二、口碑延展**

新媒体时代,传播方式的重要性日益凸显,传播方式和传播策略是否得当,将决定传播是否成功。媒体除创新产品形式之外,还要推动内容优势向传播优势转变,因此,要选择能够有效调动公众参与积极性的传播方式并最终形成口碑延展。

2017年,为庆祝中国人民解放军建军90周年,人民日报社推出新媒体产品《快看呐!这是我的军装照》《谁是站到最后的人》《老兵》,借助人民日报客户端、微信公众号和"中央厨房"等用户基数巨大的渠道进行传播。在产品设计上,三款产品都充分考虑到用户的参与互动,通过满足用户对外展示的愿望,刺激用户进行转发和分享,从而形成裂变式传播,提高了传播的到达率和实效性,最终使得这三款产品在朋友圈刷屏。较强的融媒思维与选题判断能力,有助于爆款的产生。在融媒体思维框架下,"蹭热点"制作充满正能量的短视频产品,正面回应网民关切,及时进行舆论引导,体现鲜明的编辑策划意图,往往能取得较高的关注度。

### 三、融通合作

在媒体融合深入推进的当下,要想打造传播广、点击量高、口碑好的融媒体爆款产品,只依靠单独某家媒体已经越来越困难。随着媒体策划对技术实力、平台流量的要求越来越高,开门搞策划成为大势所趋。

在国庆 70 周年大阅兵期间,除央视新闻 App 外,央视新闻还联合快手、咪咕视频、新浪微博等移动端平台推出多视角全景看盛典的融媒体产品。用户不仅可以通过手机多线路自由切换观看,还可以积极互动、发表评论,相互表达观礼感受及对祖国的美好祝愿。快手官方数据显示,央视新闻与快手合作推出的"1+6"国庆阅兵多链路直播间,总观看人次突破 5.13 亿,最高同时在线人数突破 600 万。

人民日报社"军装照"火爆的背后,离不开腾讯公司"天天 P 图"和"腾讯云"软件的技术支持。该产品由人民日报客户端策划出品并主导开发,腾讯公司"天天 P 图"软件提供核心图像处理技术,其成熟的人脸融合技术确保了最后生成的军装照效果的完美。"腾讯云"则提供了服务器支持,最高峰 1 分钟能满足 117 万次的用户使用量,通过动态部署 4000 台"腾讯云"服务器,确保了海量的用户请求能够得到及时响应。

合作并不只局限于媒体外部合作,媒体内部的合作和资源整合同样重要。人民日报社在全国"两会"期间推出的《习近平关心的那些

"小事儿"》,最大限度地协调了报社内部政文部、经社部、体育部的力量共同制作,辽宁、福建、浙江、陕西、山东、河北、海南、广东、上海、河南等地方分社和人民网地方频道也参与了拍摄。可以说,正是多方的积极参与,产品才获得最后的成功。

### 四、产品分销

产品制作完成,进入分销环节后,需要充分运用多种传播渠道和分销策略,实现传播效果最大化,通过自有平台和渠道、商业平台、自媒体平台,延伸传播链条。

一方面,加强与商业平台、自媒体平台的产品分销合作,突破传统媒体思维定式,强调信息开放与平台共用原则;将时下热门的各类UGC平台,如微博、微信、抖音、快手等发布主体和内容载体纳入产品分销策划中,并且严格把关,实现分销渠道的最大整合。

另一方面,进一步探索、完善自有平台与内部渠道的融合,实现多端传播,协同一致,高效推进,有效激活用户,优化传播效果,实现传播的迅速聚集和爆炸式扩散。在全媒体的传播环境中,有效利用多种内容分发渠道,有利于传播的广泛到达。2019年,短视频《谁是站到最后的人》《老兵》引爆了舆论,一周全网播放量均突破1亿次,人民日报社、国防部网站、中国军网、腾讯、一点资讯等数百家媒体转发、客户端首页推荐,多家地方电视台播出,而不少机场、车站等流动公众平台循环播发的次数还未统计在内,成为现象级传播产品。

唯改革者进,唯创新者强。从根本上说,每一个爆款产品都是不断改革、创新的结果。在全新的传播模式中,媒体产品要以用户

第七章　如何打造现象级爆款产品

为中心,找准产品"引爆点",强化社交分享功能,运用新技术、新产品、新形态,寻找契合主题、鲜有使用、能为用户带来阅读新鲜感的新形式。

# 第八章 主流媒体如何提升国际传播力

主流媒体的国际传播力是媒体传播能力的重要体现,更是掌控国际舆论主动权、宣传和塑造国家形象的重要平台。"准确、权威的信息不及时传播,虚假、歪曲的信息就会搞乱人心;积极、正确的思想舆论不发展壮大,消极、错误的言论观点就会肆虐泛滥。"①国际形势纷繁复杂,国际舆论环境亦是如此,各种不同的意识形态、舆论话语鱼龙混杂,这更加凸显了提升主流媒体国际传播力与影响力的重要性和紧迫性,"我们走的是正路、行的是大道,这是主流媒体的历史机遇,必须增强底气、鼓起士气,坚持不懈讲好中国故事,形成同我国综合国力相适应的国际话语权"②,这对主流媒体增强国际舆论话题设置能力、舆论趋势把控能力、发声能力提出了根本性的要求。在此基础上,如何结合已有平台和资源的优势,借力新传播技术、新媒体平台,扩大主流媒体的国际影响力,向世界主动讲好中国共产党治国理政的故事、中国人民奋斗圆梦的故事、中国坚持和平发展合作共赢的故事?这对主流媒体

---

①② 主流舆论 主流媒体 主流价值:习近平作出这些深刻阐释[EB/OL].(2019-03-19)[2020-03-12].http://www.xinhuanet.com/2019-03/19/c_1124253758.htm.

# 第八章 主流媒体如何提升国际传播力

的国际传播力提出了更高的要求。本章将从全力打造"四全媒体"、努力讲好中国故事、大力提升国际影响力、不遗余力坚定文化自信四个方面探讨主流媒体提升国际传播力的具体路径。

## 第一节 全力打造"四全媒体"

针对当前信息传播与舆论环境、媒体发展的总体趋势,习近平总书记在十九届中央政治局第十二次集体学习时提出"四全媒体"的概念,即全程媒体、全息媒体、全员媒体、全效媒体。"信息无处不在、无所不及、无人不用"[①],"四全媒体"从概念到范畴,全面、深刻地总结了当下传播生态与媒体变迁的基本规律与趋势。以"四全媒体"为基本框架,有助于打造新型主流媒体,快速推进媒体融合进程,提升主流媒体国内外的传播力。

### 一、全程媒体重构信息生产与传播流程

全程媒体从时空维度,突破传统媒体原有产制周期长、选题策划分散等局限,要求媒体全程关注大众关心的新闻事件,通过广播、电视、客户端、社交媒体、短视频网站等全媒体方式介入事件的全程,将传统媒体与新兴媒体的传播规律进行有效把握与结合,对新闻事件展开及时性、连续性、深入性、关联性、全方位的解析与报道,做到有始有终,长短内容结合,即时报道与深度报道结合。另外,可借助新兴技术手段,将VR、AR、大数据、可视化等手段融入内容生产,亦可借助客户

---

① 习近平.加快推动媒体融合发展 构建全媒体传播格局[J].中国报业,2019(7):5-7.

端、社交平台等搭建新兴互动空间,使主流媒体的信息传播更加高效、透明,舆论引导的力度与强度不断得到提升。新技术、新平台融入信息生产,对原有信息生产与传播流程进行重构,无论在传播时效,还是在内容生成与形式上都提出了全新的要求。

此外,作为全程媒体,更需要更新原有的单向传播理念,将用户的反馈、传播主体与用户的互动等有效信息融入到信息生产与传播的全流程中,如2019年国庆期间,央视新闻客户端推出70小时全媒体直播特别节目《日出东方》,全程跟进国庆期间国家的各类活动与社会景象,将多种技术手段和新媒体平台进行全方位融合,其中最重要的一部分就来源于用户参与的互动信息,这成为70小时全媒体直播的关键内容之一。这是用户反馈信息全程参与传统电视媒体信息生产的典型案例。

**二、全息媒体最大限度地拓展信息传播手段**

全息媒体从物理维度,突破传统媒体以文字、图片、声音、影像等为主的信息表达方式,通过在内容生产过程中,融入360度全景视频、无人机拍摄、融媒直播、H5、虚拟现实、增强现实、动画、数据可视化、人工智能、4K高清显示技术等新技术,使信息呈现更加立体多元。新技术带来全新的话语方式和融媒体表达体系,突破模拟时代媒体的物理样态,走向更加科学的、客观的、沉浸式的数据化、全息式样态,不断提升用户对信息消费、交互、再传播的体验以及用户对信息内容和相关媒体的黏度、忠诚度、卷入度。

基于新技术手段或形式,中央广播电视总台的融媒体内容生产与传播已经呈现出全新的样貌,许多创新性的内容产品已经成为业界的典型案例和标杆产品。未来,新技术的应用、与内容产品的有效结合,以及用户的使用体验等,在新闻、教育、娱乐、体育、文化等融媒体内容创作与传播过程中还有待进一步探索与实践。目前,人民日报社针对网络传播,在舆论引导、主流价值观传播方面推出的"党媒算法",封面新闻推出的新闻机器人等为主流媒体的全息化建设打开了全新的视野,也积累了宝贵的新技术实践经验。

### 三、全员媒体最大限度地开发信息生产与传播效能

全员媒体从传播主体的维度,突破传统的传受关系,使传播主体的界限逐渐消解。基于新兴媒体平台,传统媒体时代的受众转变为平台用户,并可以成为主动发声者、信息制造者和传播者。同时,传播主体信息发布的载体得到极大拓展,从报刊、广播、电视,拓展为网站、论坛、两微一端、短视频网站、新闻聚合客户端、网络音视频直播平台、公众号与自媒体等,无论是传媒机构用户还是个体用户,都呈现出全员参与信息生产和传播之景象。全员媒体首先提升了信息生产能力与传播效能;其次,传统媒体突破原有的生产周期长的限制,更新迭代信息生产与审核发布流程,强调移动优先,通过融媒体各个平台以最快速度、最佳方式发布可靠信息,防止全员媒体环境下,主流媒体陷入被动传播的局面;最后,全员媒体由于传播主体结构复杂、信息生产传播和鉴别能力参差不齐,因此出现了媒介素养问题,这需要主流媒体通过各类媒体平台加强媒介素养教育、数字信息空间伦理与规范宣传,同时加大各类媒体、平台、客户端的舆论引导与监管力度。

## 四、全效媒体推动信息传播与服务向精准化发展

全效媒体从媒体功能的维度,打破传统媒体一对多的大众化传播方式,通过大数据、云计算提供用户的基本画像,呈现用户信息需求与消费的总体轮廓和细分情况,同时利用社交平台、推荐算法、人工智能、机器采写等新技术实施有针对性的、精准性的信息生产、传播以及推送和分发,提升信息的流通效率与效能,使得传播目标可描绘、可设定,传播过程可编程、可把控,传播效果可观察、可测量,传播反馈可互动、可回收、可数据化、可再利用。除了信息传播,全效媒体的另一面则强调服务功能。传统媒体在服务功能上的缺陷,在媒体融合时代需要借助新技术来弥补,并且在连接机构与用户、线上与线下的场景化应用平台上,服务功能将成为新型主流媒体新的增长点。

当然,传统主流媒体在转型的过程中,必然存在原有的路径依赖对转型的推进所造成的影响,如信息传播技术面临由模拟模式向数字模式的转变,在缺乏数字技术经验和人才积累的前提下,极易盲目跟风或原地踏步。在此过程中需要摆脱思维固化和原有发展观念的惯性,积极面向人工智能、5G、云计算、大数据等未来传播技术,推动其在融合传播实践中的尝试与运用。另外,建设"四全媒体"的理念将推动主流媒体在提升对内传播与对外传播影响力方面,注重社会反响、社会效果和社会效益;在媒体信息产制流程重构过程中,注重"内容驱动""技术驱动"双引擎发力,注重"用户体验"和"信息服务理念"的双重提升。例如,中央广播电视总台以"四全媒体"建设为基本框架,确

立"5G+4K+AI"的战略布局,加强对新传播生态下信息传播规律的研究与探索,加快建立融媒体整合与传播的标准体系与评价规范,全力向融合型、智慧型的新型主流媒体迈进。

## 第二节 努力讲好中国故事

### 一、主流媒体"讲好中国故事"的必要性和重要意义

习近平总书记认为:"现在,国际上理性客观看待中国的人越来越多,为中国点赞的人也越来越多。我们走的是正路、行的是大道,这是主流媒体的历史机遇,必须增强底气、鼓起士气,坚持不懈讲好中国故事,形成同我国综合国力相适应的国际话语权。"[①]从21世纪初提出的中国文化"走出去",到2004年中国媒体"走出去",再到2008年提升"国际传播能力",从国家层面到主流媒体层面,都在不断探索拓展国际市场的方式和方略,形成以讲好中国故事、促进文化交流为主要任务的国际传播媒体阵营。2014年以来,在全面推进媒体融合的大环境中,如何提升我国主流媒体在国际传播生态中的影响力和话语权成为一个崭新的课题,中央广播电视总台的成立,开启了我国主流媒体以新思路、新技术、新内容、新传播方式等拓展国际市场、全面介入全球传播生态、大幅提升中国媒体在国际舆论舞台话语权和影响力的全新阶段。

学者程曼丽认为,"讲故事"已经上升为国家战略,是一种让世界

---

① 习近平.加快推动媒体融合发展 构建全媒体传播格局[J].中国报业,2019(7):5-7.

深刻了解中国的有效媒介,是建构国家形象、打造中国精神的重要技巧,也是对一些国外媒体塑造的不真实的中国国际形象的一种有效矫正。同时,程曼丽也提出,讲好中国故事需要注意以下三个方面:第一,要因地制宜,不能一厢情愿地讲故事,要具有针对性;第二,故事叙述的对象要平衡兼顾,既要讲好中国政府的故事,也要讲好中国人民勤劳奋斗的故事;第三,要努力讲好现在的故事,更要回望过去,公正、客观、辩证地讲好历史故事,在故事中体现大国责任与大国担当。① 欧阳辉在其研究中,也从微观视野详细论述了"讲好中国故事"的具体内容与选题范围,他认为"讲好中国故事"就要讲好民族复兴的故事、中国道路的故事、中华文化的故事、文明交融的故事、人民友好的故事、国家交往的故事、和平发展的故事、全球化故事等②,为"讲好中国故事"的具体实践提供了基本着力点。

## 二、主流媒体"讲好中国故事"的实践探索

如何讲好中国故事,一方面体现在优质"故事内容"的生产方面;另一方面,好的、优质的"故事内容"也需要切合时代脉搏的传播方式。由此,主流媒体在讲好中国故事方面,可从以下三个方面开展实践探索。

第一,在构建对外传播话语体系上下功夫。主流媒体的国际传播能力经过十余年的发展,在硬件建设方面已经基本形成规模:扩充海外记者站数量、加强海外传播人才配置,另外还通过购买版面、时段,

---

① 程曼丽.讲好中国故事的传播战略[J].对外传播,2017(8):12-13.
② 欧阳辉.习近平向世界讲好中国故事的思想[EB/OL].(2019-02-22)[2020-03-12]. http://theory.people.com.cn/n1/2019/0222/c40531-30897581.html.

## 第八章 主流媒体如何提升国际传播力

交换新闻信息,合办节目,参股国外媒体等加速进入国外传播市场。① 通过大力推进硬件基础设施的建设,中国媒体的声音在国际传播环境中的覆盖率、传播力获得较大提升。但前期基本集中于硬件条件的铺设,在关键问题上,我们的传播者还没有把自身发展模式的"中国特色"与"世界意义"讲清楚②,声音还不够响亮,影响力还略显薄弱。

在我国全面推进媒体融合进程的当下,主流媒体不仅要看发行量、收视收听率,更要看影响力,"要能在舆论场上具备定义事件、引导舆论、凝聚共识的设置议程能力"③,要把中国道路、中国力量、中国精神、中国智慧等中国故事内核立体生动地呈现出来,"故事化思维是以核心价值为话语来解读每一个事件的"④。这就需要从硬件建设转向软性的话语和内容等方面的建设,由自说自话转向在国际舞台寻求共鸣。比如中央广播电视总台以我国推动的"一带一路"倡议为题材,通过微视频的形式,以习近平总书记不同场合的讲话为主线,将时间、地域、效果汇聚融合在一起,凸显了"一带一路"倡议的伟大成就以及习近平总书记大国领袖的形象与风范,内容深刻且具有历史感、时代感,同时也以生动的、适应融合传播规律的形式来结构、表达这一宏大主题。从视频超过1亿次的总播放量的传播效果上看,⑤这样的对"中国故事"的内容表达和传播形态的创新是非常成功的。

---

①② 程曼丽.国际传播能力建设的实践研究与意义:兼评《新媒体跨文化传播的中国实践研究》[J].新闻与传播评论,2019,72(1):123-128.
③ 卢新宁.主流媒体如何巩固主流地位:关于人民日报媒体融合实践的思考[J].新闻战线, 2018(13):6-8.
④ 陈先红,宋发枝.讲好中国故事的融合叙事策略[J].新闻与写作,2019(5):43-47.
⑤ 魏地春.坚定文化自信 坚守品格品位:做好社会文化建设相关报道的思考[EB/OL]. (2018-03-09)[2019-10-23]. http://www.cctv.cn/2018/03/09/ARTIv2jDbzAYcpimsXRoRkOn180309.shtml.

第二,在乐于接受和易于理解上下功夫,让更多国外受众听得懂、听得进、听得明白,不断提升对外传播效果。如何让国外用户具备同理心,如何与国外用户进行换位思考,这不仅需要考虑国际舆论环境的复杂性,而且需要具备分析不同国家、平台、用户群体需求的能力,需要"主动跟踪、监测、分析和对接不同平台上国际传播的用户行为分散化、文化表达多样化,以及群集或社交的地方化等特征"[①],只有这样,才能把握规律,创作出国外用户喜闻乐见的、易于接受的、听得懂的中国故事,才能促使中国声音在国际舆论场上响亮发声。总台俄语国际频道联合俄罗斯和中亚的7家国家电视台共同播出系列报道《欧亚共议丝路合作》、西语国际频道联合阿根廷美洲集团制作播出纪录片《跨越》、阿语国际频道联合突尼斯电视台制作播出《突尼斯人眼中的中国》等,[②]都在中国故事的海外联合制作与传播方面做出了有益的尝试和探索。借力国外媒体机构,能够更贴合当地观众的接受习惯,更能使当地观众听得懂、听得进、听得明白。

第三,要把握国际传播领域融合化、移动化、社交化、可视化的趋势。当今媒体总体的发展态势是技术手段融合化、信息入口移动化、内容传播社交化、新闻产品视频化、机构媒体平台化。[③] 主流媒体在建设"四全媒体"、打造自有平台的过程中,需要紧跟国际信息传播趋势,使内容的生产与传播能够融入国际传播潮流,既要充满正能量、唱响

---

① 姬德强,杜学志.平台化时代的国际传播:兼论媒体融合的外部效应[J].对外传播,2019(5):13-15,44.
② 魏地春.坚定文化自信 坚守品格品位:做好社会文化建设相关报道的思考[EB/OL].(2018-03-09)[2019-10-23]. http://www.cctv.cn/2018/03/09/ARTIv2jDbzAYcpimsXRoRkOn180309.shtml.
③ 高伟,姜飞.全球传播生态发展报告(2018)[M].北京:社会科学文献出版社,2018:71.

## 第八章 主流媒体如何提升国际传播力

主旋律,又要贴近用户口味、使用习惯,展现真实、立体、全面的中国。正如习近平总书记所说:"主流媒体要敢于引导、善于疏导,原则问题要旗帜鲜明、立场坚定,一点都不能含糊。"[①] 而要做到这一点,有效把握融合化、移动化、社交化、可视化的传播规律是基础。学者陈先红等认为,要把握融合化的规律,首先对需求的挖掘要来自国际社会,要有效了解国际社会想了解中国的哪些故事;其次是以其中有价值的选题或问题将故事要素、技术要素、媒介要素、用户要素、推广要素进行有机融合,共同完成一致的、立体的中国故事的传播,并在这其中构建极具中国观点、中国创意和智慧的,可交流对话的,充满情感正能量的故事体系,形成持续的"中国故事流"[②]。目前,总台已在 Facebook、YouTube、Twitter、Instagram 等海外主流互联网平台上建立并运营了 CCTV 系列、熊猫频道系列共计 31 个账号。同时,在一个融合化的传播场景之中,除了传统的报纸、杂志、广播、电视、网站等载体外,还需要结合全新的传播手段和传播方式,如 H5、小程序、VR、大数据等,拓展全新的中国故事的讲述方式,以传统媒体和新兴媒体相结合的手段来结构故事要素,形成持续的"中国故事流",在"信息流—文化流—情感流"的递进中完成中国故事的表达和传播。

---

① 习近平.加快推动媒体融合发展 构建全媒体传播格局[J].中国报业,2019(7):5-7.
② 陈先红,宋发枝.讲好中国故事的融合叙事策略[J].新闻与写作,2019(5):43-47.

 坚守、传承、创新：新时代主流媒体融合传播研究

## 第三节　大力提升国际影响力

### 一、主流媒体提升国际影响力的机遇

随着互联网、大数据、人工智能等不断取得突破，数字经济快速发展，现代信息技术将推动更深层次的科技革命和产业变革，对应到传媒领域，则必将形成全新的全球传媒生态。在发展瓶颈、生存压力以及新媒体技术高速发展的形势下，传统主流媒体在全球新的传媒生态中主动求变，通过国家、技术、资本等力量探索新形态的发展路径，通信行业、互联网企业也在技术、用户等累积优势下，顺势涉足传媒产业。在传统媒体与新兴媒体频繁地进行业务、技术、内容、资本、人才等双向互动之时，全球传媒生态呈现出前所未有的融合之态。全球各个国家和地区从传播技术、平台打造、产业再造、结构重组、法律法规等方面对传统媒体转型、新兴媒体加速发展进行了路径探索。[①] 习近平主席在致历届世界互联网大会的贺信中，多次强调构建网络空间命运共同体，[②] 意在强化信息时代不同国家和地区的合作共享、互信共治，打造良好的国际网络发展空间和健康的全球传播生态。

十九大报告中，明确提出要"推进国际传播能力建设，讲好中国故

---

① 高伟，姜飞. 全球传播生态发展报告（2018）[M]. 北京：社会科学文献出版社，2018：52.
② 习近平向第五届世界互联网大会致贺信[EB/OL].（2018-11-07）[2019-07-29]. http://www.wicwuzhen.cn/web18/news/mtbd/201811/t20181107_8683498.shtml.

事,展现真实、立体、全面的中国,提高国家文化软实力"①。十九届中央政治局第十二次集体学习时,习近平总书记强调,"准确、权威的信息不及时传播,虚假、歪曲的信息就会搞乱人心;积极、正确的思想舆论不发展壮大,消极、错误的言论观点就会肆虐泛滥。这方面,主流媒体守土有责,更要守土尽责,及时提供更多真实客观、观点鲜明的信息内容,牢牢掌握舆论场主动权和主导权",这些都对处于新传播环境、全球新传播生态中的主流媒体提出了更高的要求。

**二、主流媒体转变观念提升国际影响力**

在新技术、新媒介结构的全新的融合传播环境中,国际传播的形势也发生了深刻的变化,信息的生产、传播,用户的媒介接触与信息选择也呈现了与过去相比较大的变化和新的规律。主流媒体无论是通过打造"四全媒体"来转型,还是在提升讲好中国故事的能力方面,都需要把握全新的融合语境下的国际传播规律,一方面要在生产与传播技术、平台、人员能力等方面加快提升的速度和强度,另一方面也要在提升主流媒体国际影响力的传播观念上加快转变的步伐,只有思想和观念转变了,才能更好地引导和使用新技术、新设备,产生前所未有的效能和影响,使之能够适应新技术条件下的传播环境,同时也能够准确把握国际传播环境中的关键规律,这对于提升国际传播影响力能起到非常关键的作用。与传统的国际传播观念相比,主流媒体在继承其

---

① 习近平.决胜全面建成小康社会 夺取新时代中国特色社会主义伟大胜利:在中国共产党第十九次全国代表大会上的报告[EB/OL].(2017-10-27)[2019-08-01].http://www.gov.cn/zhuanti/2017-10/27/content_5234876.htm.

优秀的传统与实践经验之外,更要结合新的技术、新的信息传播模式、新的用户习惯等,做好传播观念、方式的探索和创新,具体可以对以下三个着力点进行探索和思考。

第一,主体问题。毫无疑问,主流媒体的对外传播,一定要坚持"以我为主"的原则,那么随之而来的问题就是对外传播"为谁所用"的问题。从战略和战术上来讲,对外传播在"以我为主"的基础上必然是"为我所用",但从信息传播的流程与规律上来看,问题的答案应该是"为用户所用"。对外传播的用户是谁?这是一个不言自明的问题。但从根本上来看,"为我所用"和"为用户所用"这两个对外传播的目的指向之间并不矛盾,在一种恰切的、符合传播规律的传播实践中,二者是可以做到高效融合的。这就要求我们切实围绕目标国家、地区的用户真实想要了解的问题进行信息生产与传播,而不是围绕我们自己想传播的内容进行单向性的生产与传播。这是解决问题的基础,只有这样才能实现信息传播的"互利共赢"。刘秀峰等在研究中提出"离岸传播"的观念,通过在全球主要经济中心城市设立离岸传播中心,同时借助在地华人华侨群体、海外中国企业等力量,推进适合所在国家传播的信息的生产与交流,增强文化的融入和认同,使海外传播中的中国形象更加真实、可信、权威。①

第二,信息的开放性问题。无论是对内还是对外传播,信息传播过程涉及复杂的利益相关者体系,我们不能将自身的利益诉求、观念等打包在一个封闭的信息文本之中,这种封闭文本的传播将走向两个

---

① 刘秀峰,李文明.主流媒体国际影响力提升的理念创新及路径拓展[J].电视研究,2018(11):12-14.

极端:对于利益关联较大的群体,传播效果非常明显,而对于利益不相关,或对信息内容不感兴趣的群体,其传播效果可以忽略不计甚至是无效的。这就需要我们新的融合语境中的对外传播,转变为一种开放的信息产制模式,结构一个开放的信息文本空间,在以我们主体利益为根本的基础上,全面考虑信息传播各方的利益。我们不能空泛地谈论、传播甚至是灌输有关中国形象的信息,而是要形成开放的对话和交流空间,在这其中利用传播技巧、传播规律促使信息正面意义、积极效果的形成。

第三,信息影响力与传播效能的问题。如果我们将"传播"一词分开来看,"传"表明信息的传递,可描述为一种信息向外发送的行为;"播"则强调信息的扩散、信息影响力的延续。我们以往的对外传播实践,整体存在"传而不播"的特点,也就是说在线性、单向的传播思维和观念的指引下,信息单向传递出去后,即完成了对外传播任务,而从实际效果来看,这种模式下的对外传播存在一定的不足,尤其是在数字技术高度发达的今天,互联网无远弗届,社交媒体中各种观点、看法、态度杂合,但同时也展现出前所未有的信息扩散力和影响力。在这种融合的语境下,今天的对外传播除了"传递"的一环,"扩散"的一环更加不容忽视。那么,扩散的基点和基础设施在哪里?刘秀峰等指出:"媒体影响力=媒体影响受众的能力+受众影响社会的能力。"① 由此可见,一方面,对外传播过程中,在信息产制一环,我们的主流媒体要做到的不仅是传递信息,而且要传播观点和意见,表达自己的独特立

---

① 刘秀峰,李文明.主流媒体国际影响力提升的理念创新及路径拓展[J].电视研究,2018(11):12-14.

场和态度,构建我们自己的分析问题、形成观点、解释和表达的框架;另一方面,除了自有平台,更应该以国际上具有影响力的传播机构和广泛的国际用户转发、转载、评论等形成的多级传播来推动积极的信息传播效果的实现。

## 第四节 不遗余力坚定文化自信

### 一、主流媒体的文化传播责任

习近平总书记在不同场合多次强调文化自信的重要性:"增强文化自信和文化自觉,是坚定道路自信、理论自信、制度自信的题中应有之义",并从历史发展、现实实践的角度,赋予"文化自信"之于另外"三个自信"的基础性地位和根本性作用。在推进我国政治、经济、社会发展方面,文化自信也凸显了内源性的驱动作用。

第一,在经济、贸易、科技、军事等领域,中国已经成为国际舞台上极具影响力的国家,甚至在一些关键领域还处于领先地位,但在文化创新与传播方面的国际影响力相比这些领域还偏弱,从文化大国走向文化强国的过程中需要文化自信的有力支撑。

第二,实现中华民族伟大复兴的中国梦,不仅仅要实现政治、经济、军事等的复兴,而且要实现中华民族五千年优秀传统文化的复兴,文化自信为物质基础建设和文化软实力建设提供了内源性的精神动力。

第三,改革开放后,借助高度发达的信息传播技术,外来文化不断

第八章 主流媒体如何提升国际传播力

冲击着中国传统文化,在意识形态、国际舆论领域也聚集着各种声音,健康的与不健康的、高雅的与低俗的、正确的与不正确的价值观念充斥其中,如何分辨精华、剔除糟粕?如何在开放的环境中学习借鉴优秀的思想、摆脱腐朽思想的侵蚀?文化自信为中华民族文化的传承与发展、不同价值与思想观念的交流和借鉴提供了最基本的原则、最有力的工具。

主流媒体无论在技术基础、生产实力,还是在优质内容把控标准、传播力与影响力方面,都有着基础强、覆盖广、专业化的鲜明特征,因而其必然成为中华民族传统文化内容创新与传播创新的重要载体和传输渠道。在与国际接轨的进程中,在全球不同媒体集团、不同利益主体的媒体代表、不同价值观的传播博弈和舆论话语主导权争夺中,中国的主流媒体更应该坚定文化自信,自觉承担起对内和对外传播中华优秀传统文化的重大社会责任与时代使命。"中华文明延续着我们国家和民族的精神血脉,既需要薪火相传、代代守护,也需要与时俱进、推陈出新。要加强对中华优秀传统文化的挖掘和阐发,使中华民族最基本的文化基因与当代文化相适应、与现代社会相协调,把跨越时空、超越国界、富有永恒魅力、具有当代价值的文化精神弘扬起来。"[①]

**二、主流媒体当前文化传播的困境与机遇**

长期以来,国际传播秩序与格局、国际舆论议程设置的主动权被

---

① 坚定文化自信,建设社会主义文化强国[EB/OL].(2019-06-15)[2019-10-25].http://www.xinhuanet.com/politics/leaders/2019/06/15/c_1124627379.htm.

西方大国所掌控。在这样的形势下,我国主流媒体在国内外的传播主要面临以下困境:

一是互联网的快速发展和无远弗届,对主流媒体传统的以单一渠道(报纸、杂志、广播、电视其中的一种媒介)为主的传播路径提出了严峻的挑战,互联网的接入与全球互联,提供了前所未有的开放平台,传统主流媒体固有的主导地位受到国内和国外多元传播者的冲击,这不仅体现在传输渠道的覆盖和用户使用时间的侵蚀上,还体现在多元混杂的文化形态对主流价值文化传播的影响上。

二是在国内外多元价值观念和文化形态涌入的传播环境中,一些无价值、无底线,甚至是拜金主义、享乐主义的泛娱乐化内容产品,以周期性、往复式的状态进入大众的视野,尤其受到不少青少年的青睐,这种包含多元价值的文化产品对于心灵和精神的影响,有其积极的一面,但其中有害的价值观念的传播也暗含巨大风险。主流媒体在文化价值引导方面责无旁贷,如何再次发掘传统文化的价值、创新传统文化的传播样态、唤醒青少年群体对于传统文化的情感认同和喜爱,是摆在主流媒体面前的重要课题。

三是在"一元体制、二元运作"的运行模式下,不少媒体在生存压力下,盲目追逐经济效益,而较少关注社会效益,片面追求关注度、点击率、收视率、网络热度等,以无厘头、"八卦"、恶意曝光、解构经典等方式干扰了优质文化内容的传播。在加强行政监管的基础上,主流媒体应该在突破文化传播困境、高度重视内容产制与传播的社会效益方面作出表率。

新兴信息传播技术的发展以及融入国际传播生态、参与国际市场

第八章 主流媒体如何提升国际传播力

竞争,在带来诸多挑战和困境的同时,也给我们主流媒体的国内外传播与影响力的提升提供了前所未有的新机遇:

第一,互联网以及移动互联网的广泛覆盖力、无限连接力,使原有的国际传播格局与秩序发生变化。随着中国综合国力的提升并成为世界第二大经济体,在内部大力推进媒体融合、打造新型主流媒体的过程中,"推动中华文明创造性转化、创新性发展,激活其生命力,让中华文明同各国人民创造的多彩文明一道,为人类提供正确精神指引。要围绕我国和世界发展面临的重大问题,着力提出能够体现中国立场、中国智慧、中国价值的理念、主张、方案"①,这是主流媒体在新时代、新环境中的新使命与新机遇。

第二,主流媒体必须注重全球影响力的提升和国际舆论主动权的掌控,姬德强等称之为"媒体融合的外部效益"②,具体解释为通过融合型媒体及产品的打造、民族文化内容的有效融入,不仅满足国内用户对信息的需求,而且适应基于新技术、新舆论生态的国际传播环境,精准、有效、广泛地传递国内社会的发展信息和高品质文化内容,与国际舆论场中固有的刻板偏见、虚假信息、极化言论正面交锋,搭建跨文化沟通的平台,扩大讲好中国故事的参与主体,全面提升国际传播能力和中国主流媒体在全球的影响力,自觉承担传播中华民族优秀文化的重要责任,不断坚定文化自信,提高文化自觉。

---

① 坚定文化自信,建设社会主义文化强国[EB/OL].(2019-06-15)[2019-10-25].http://www.xinhuanet.com//politics/leaders/2019/06/15/c_1124627379.htm.
② 姬德强,杜学志.平台化时代的国际传播:兼论媒体融合的外部效应[J].对外传播,2019(5):13-15,44.

## 三、坚定文化自信,主流媒体提升文化传播能力的路径

在媒体融合走向纵深发展的进程中,对我国主流媒体的考验,一方面来自新技术应用、平台建设、生产与传播流程再造,而另一方面则来自在一个新的传播环境中如何做好民族文化的传承与传播,这个方面又可以细化为:如何把握民族文化的实质与根基,打造高质量、新形态的优质内容;在一种融合媒体的操作环境下,新形态的内容如何真实、有效、有力地反映时代特色、传递时代声音;如何调用新技术、新平台,为优质民族文化内容做好国内传播,乃至国际传播,不断开发民族文化的原动力和影响力。

主流媒体在面对多元传播主体、多元价值观念、多元文化形态的传播生态现状时,在主流意识形态宣传、社会舆论引导、内容产制等方面,必须坚持培育和践行社会主义核心价值观的根本理念,利用主流媒体强大的传播力、引导力、公信力和影响力引导社会主义文化的发展方向,坚定文化自信,提升文化自觉。反映在内容制作与传播方面,主要应秉持以下理念:

第一,内容的策划与产制要以社会主义核心价值观、中华民族优秀传统文化为重要选题来源,摒弃毫无底线、无病呻吟的泛娱乐化选题。中华民族优秀传统文化源远流长,中国特色社会主义建设进程中新风貌、新故事源源不断、层出不穷,这为新时代主流媒体内容的策划与生产实践提供了取之不尽、用之不竭的海量素材库,比如中央《关于实施中华优秀传统文化传承发展工程的意见》下发后,总台各频道发挥优势,通过新闻报道、综艺节目、专题片、纪录片等形式,推进优秀传

统文化的"创造性转化、创新性发展"①。再如2017年春节期间,央视各档品牌新闻栏目围绕习近平总书记阐述的"人间真情"的丰富内涵,连续推出《一路回家》《家是什么》《零点后的中国》《天下父母》《说句心里话》等系列报道,实现了"新春走基层"的创新升级。80多路共计400多名记者奔赴基层一线采访,推出了一大批有故事、有温度、有情怀的新闻报道,阐释了中华优秀传统文化在新时代的传承和发展。②此外,中央广播电视总台自组建以来,集中全台优势资源,聚力打造优质内容,紧紧围绕习近平新时代中国特色社会主义思想进行宣传与报道,深度开展"头条工程",不仅在内容上深耕细作,有深度、有新意,而且在镜头语言的使用上更加考究,更接地气,也更容易产生情感共鸣。在"头条工程"的带动下,总台宣传精品频出,真正实现了党的理论和思想"飞入寻常百姓家"。

第二,在叙事话语、表达风格上,既要体现文化追求,又要无限贴近群众,既要展现时代特色,又要注入高尚的情操,以坚定的文化自信进行有品格的民族文化传播。总台一大批有深度、有内涵的文化类节目在中华民族传统文化的创新性传播方面开展了有益的尝试并深受大众喜爱,如《中国诗词大会》《中国成语大会》《中国民歌大会》《朗读者》《国家宝藏》《经典咏流传》《等着我》《中国舆论场》《国家记忆》等。另外,总台的一些综艺节目也在娱乐元素的基础上,增加了文化、情感的维度,例如《黄金100秒》《中国好歌曲》《挑战不可能》《加油! 向未

---

①② 魏地春.坚定文化自信 坚守品格品位:做好社会文化建设相关报道的思考[EB/OL].(2018-03-09)[2019-10-23].http://www.cctv.cn/2018/03/09/ARTIv2jDbzAYcpimsXRoRkOn180309.shtml.

来》等节目在娱乐的基础上,更加注重人文关怀以及民族文化的共鸣与情感认同,更加注重综艺娱乐节目的社会价值和文化价值,展现凡人小事,展现普通人的奋斗故事。此外,一批专题节目、纪录片也显示了高超的制作水准,并融时代话语、社会话题于其中,以大气磅礴的语态、平实质朴的语言开展叙事与表达,如《舌尖上的中国》《超级工程》《航拍中国》等。

第三,在与用户的连接方面,不能局限于形式上的互动,要以优质的文化内容为依托,将互动上升到更高的层面,融入人情、温情、家国情,让文化缓缓流入内心,引发情感上的文化共鸣和民族认同,形成主流价值的文化沟通语境、社会主义核心价值观认知和传播的媒介环境。这一方面体现在对原有大型节目的改造和升级方面,如全国道德模范评选、"感动中国"人物评选等大型活动的改造升级;体现在传统节目的新媒体互动与传播方面,如《朗读者》通过新媒体平台,全网视频播放总量超 3.5 亿次,微博话题阅读量超 6.9 亿次,讨论量达 152 万次,产生了现象级的传播效果和社会影响。另外,基于新媒体技术打造的一些融合类节目如《中国舆论场》《数说"十三五"》《数说命运共同体》等使主题主线宣传报道更直观生动,①更具有可读性和接近性。另一方面则体现为通过转变传播思路,大力推动内容的供给侧改革,由原来的"先台后网"观念转换为"台网并重,先网后台"的先进传播理念,并依据互联网的传播规律、用户使用习惯,推出适合网络平台用户观看的精品优质内容。

---

① 魏地春. 坚定文化自信 坚守品格品位:做好社会文化建设相关报道的思考[EB/OL]. (2018-03-09)[2019-10-23]. http://www.cctv.cn/2018/03/09/ARTIv2jDbzAYcpimsXRoRkOn180309.shtml.

第八章　主流媒体如何提升国际传播力

习近平总书记多次强调:"坚定中国特色社会主义道路自信、理论自信、制度自信,说到底是要坚定文化自信。文化自信是更基本、更深沉、更持久的力量。"①文化自信是实现中国梦的"加速器",也是弘扬中国精神、讲好中国故事的"原动力"。因此,我们要以文化自信为基础,做强传统主流媒体。②

---

① 坚定文化自信,建设社会主义文化强国[EB/OL].(2019-06-15)[2019-10-25].http://www.xinhuanet.com//politics/leaders/2019/06/15/c_1124627379.htm.
② 彰显文化自信　做强主流媒体[EB/OL].(2016-07-27)[2019-10-11].https://www.sohu.com/a/107808810_119866.

坚守、传承、创新：新时代主流媒体融合传播研究

# 第九章　新型主流媒体的构建方略是什么

## 第一节　定义新型主流媒体

### 一、新型主流媒体形成的环境基础

近年来，伴随国际政治、经济、社会、文化环境的变化以及媒介技术的更迭，原有的"西强东弱"的国际传播格局逐渐发生变化。全球媒介生态逐渐由单纯的物理环境转换为影响社会与人类发展的意义环境，甚至有学者提出媒介生态已经演变为政治生态和文化生态[①]。尤其是以互联网技术为代表，国际传播格局进入发展动能转换期，由推广、普及、覆盖、提速等阶段，向深度开发、数字化与信息化应用阶段转换。习近平总书记也多次强调："没有网络安全就没有国家安全，过不了互联网这一关，就过不了长期执政这一关。"有报告显示，全球 GDP 的 22% 与数字经济密切相关，"数字经济为主导"的发展模式成为世界

---

[①] 高伟，姜飞. 全球传播生态发展报告（2018）[M]. 北京：社会科学文献出版社，2018：12.

# 第九章 新型主流媒体的构建方略是什么

主要大国或地区提升自身全球竞争力的重要选择①,以数字技术为基础的新兴媒体在传播生态中的地位日益凸显。人工智能(AI)、虚拟现实(VR)、增强现实(AR)、高清显示技术(4K)、第五代移动通信网络(5G)、大数据、云计算、物联网等新技术在传播领域由想象到现实的具体应用,再到与媒体产品的深度融合和快速迭代升级,数字技术为传媒产业打开了全新的视野和发展空间,深度赋能传媒产业,型构了全新的传媒生态。

在数字技术的推动下,主流媒体的边界被进一步拓展、定义或将被重新书写。习近平总书记曾多次强调:"人在哪儿,宣传思想工作的重点就在哪儿。"互联网技术的快速发展、智能终端的加速普及,使大批传统媒体用户向新兴媒体和平台转移,网络空间成为全球媒介生态的重要组成部分,主流媒体的边界也从传统的报纸、杂志、通讯社、广播、电视等延伸到以互联网为信息传播渠道的新兴媒体或网络平台。凭借在长期发展中累积的话语优势、覆盖优势、资源优势,全球各国主流媒体亦在互联网的大潮中探索新的转型方向和发展契机。在开放、多元的新媒体技术环境中,主流媒体的定义或将被重新书写。

2010年,我国开启三网融合。2014年,随着《关于推动传统媒体和新兴媒体融合发展的指导意见》发布,我国从国家层面开始正式推动媒体融合进程。2018年3月,中央电视台、中央人民广播电台、中国国际广播电台合并成立中央广播电视总台;同年8月,国家正式推动县级融媒体中心建设。在传统媒体与新兴媒体从相加转向相融的媒体发展实践中,国家不断强化主流媒体的传播力、引导力、影响力和公

---

① 高伟,姜飞.全球传播生态发展报告(2018)[M].北京:社会科学文献出版社,2018:14.

信力,加快推进媒体融合进程以及国际传播能力建设,致力于在媒体融合纵深发展阶段打造顺应时代趋势和潮流的新型主流媒体。在传统媒体与新兴媒体交叉融合方面,一方面,传统媒体主动融入新技术发展潮流,积极探索与第三方平台开展融合传播的实践以及自身内部的融媒体生产流程的搭建,同时在基础网络设施、终端设备方面逐渐向交互化、智能化方向发展;另一方面,以百度、腾讯、阿里巴巴、字节跳动等为代表的互联网企业,凭借自身的技术、用户、数据、流量等优势进入媒体内容生产与传播领域,形成了全新的信息传播景观,以此重构了本土传媒产业生态。

**二、新型主流媒体的实践策略**

信息传播技术的快速迭代与发展,带来媒介形态和发展模式的转型,更深层次的则是媒体竞争格局的改变。有学者从媒介生态位的发展视角,观察了融媒体转型中,新型主流媒体所面临的主要问题——在传统主流媒体向新型主流媒体转型实践中将不可避免地出现媒体生态位的高度重叠现象[①],即新型主流媒体依托数字技术所生成的媒介与内容产品形态,在很大程度上与网络媒体平台重合,二者在技术、资本、用户、流量、广告经营、人才等方面存在竞争。习总书记曾强调,"推动媒体融合发展,要统筹处理好传统媒体和新兴媒体、中央媒体和地方媒体、主流媒体和商业平台、大众化媒体和专业性媒体的关系,不能搞'一刀切''一个样'。要形成资源集约、结构合理、差异发展、协同

---

① 卜彦芳,董紫薇.调适与突破:新型主流媒体生态位经营新策略[J].青年记者,2019(10):19-22.

第九章 新型主流媒体的构建方略是什么

高效的全媒体传播体系"①。主流媒体需要结合既有的内外部条件、既定的发展目标,创新市场竞合模式,扬长避短,将媒体融合与新型主流媒体的作用和价值发挥到最大。

学者卜彦芳等认为,一方面,从短期来看,新型主流媒体应当遵循"长板理论"的思路,强化主流媒体自身固有的优势并在"要素投入—内容创新—产品营销—盈利模式"等价值链环节发挥、加固核心优势,②体现出独特的差异性,确定新型主流媒体在市场竞争中的独特地位。另一方面,随着信息传播技术的不断演进,固守传统优势必然面临转型与发展的局限,所以必须结合当前5G、人工智能、大数据、云计算、VR等新技术,通过新平台的打造、新技术的应用与合作等新型竞合模式,寻找新型主流媒体长远发展以及占领自身生态位的发展策略。

首先,需要探索新技术、打造新平台、发现新市场。如习近平总书记在十九届中央政治局第十二次集体学习时提到,要"探索将人工智能运用在新闻采集、生产、分发、接收、反馈中,用主流价值导向驾驭'算法',全面提高舆论引导能力"③。在经营平台的打造中,总台确立了大文化、大资本、大经营的战略,明晰了事业产业协同发展路径,加强了资源整合配置,充分利用市场化手段,做大做优总台产业;④改变单一依靠广告经营创收的局面,推动全媒体广告经营整合,依托总台的内容优势,深度挖掘优质内容的产业链开发,打造"内容+平台+渠

---

① 习近平.加快推动媒体融合发展 构建全媒体传播格局[J].中国报业,2019(7):5-7.
② 卜彦芳,董紫薇.调适与突破:新型主流媒体生态位经营新策略[J].青年记者,2019(10):19-22.
③ 习近平.加快推动媒体融合发展 构建全媒体传播格局[J].中国报业,2019(7):5-7.
④ 慎海雄.立足总台"5G+4K+AI"战略,实现大文化、大资本、大经营蓝图[EB/OL].(2019-07-22)[2019-07-31].http://www.sohu.com/a/328588944_451230.

道+服务"的媒体生态体系①,提升总台整体竞争能力和融合发展水平。

其次,通过与上中下游优势技术供应方、资本方、平台方等开展战略合作,弥补自身短板与不足。总台台长慎海雄强调,总台在发展过程中,需要与产业上下游、社会各界深入合作,在政务服务、增值服务、版权开发、经营拓展等领域开拓探索,不断发展新业态,获得新空间,赢得新机遇。② 在技术合作方面,2018年12月,总台联合中国电信、中国移动、中国联通、华为公司,合作建设我国首个国家级5G新媒体平台,积极开展5G环境下的视频应用和产品创新,全力推动5G核心技术在4K超高清节目传输中的技术测试和应用验证。2019年1月,总台与中国移动、华为公司在深圳举行5G网络4K电视传输测试启动仪式,随后又与中国联通、华为公司在吉林长春启动5G网络VR实时制作传输测试。通过与行业顶尖企业开展技术合作与传播试验,形成全新的竞合模式以及总台在打造新型主流媒体中独特的优势,这也将助力总台在媒体融合发展进程中传播力、引导力、影响力、公信力的快速提升。

## 第二节 遵循"用户、盈利、样态"的发展规律

### 一、营收数据透视大众信息消费变迁,"用户本位"观逐渐凸显

媒介生态或传播生态可以理解为包括传播参与者、内容、技术在

---

①② 慎海雄.立足总台"5G+4K+AI"战略,实现大文化、大资本、大经营蓝图[EB/OL].(2019-07-22)[2019-07-31].http://www.sohu.com/a/328588944_451230.

## 第九章 新型主流媒体的构建方略是什么

内的多种传播要素聚集的充满符号互动的意义环境。① 有学者认为,新兴技术在传播领域的运用,加速了全球传媒生态的新陈代谢。② 从广告营收数据来看,2016年至2021年,全球广告业营收的增长持续减缓③,伴随着移动媒体的快速发展以及用户消费观念的转换和消费水平的提升,全球传媒产业营收将逐渐从依靠传统的广告收入转向依靠付费内容或付费媒介产品,用户作为营收来源贡献者的作用逐渐凸显。互联网广告成为全球广告业新的增长亮点,尤其是移动互联网广告发展势头迅猛。此外,在以新兴数字技术为基础的全球传播生态中,大数据、云计算、人工智能等有效融入信息传播系统,VR、AR、机器人生产等参与内容产品产制,新兴科技助推下的全球传媒行业必将呈现出前所未有之图景。

大众的信息消费逐渐向网络空间转移,传统媒体受到冲击。2017年,全球报纸、杂志总收入分别为1300亿美元和650亿美元,年复合增长率分别为-5%和-4.9%④,尤其是全球报纸行业,呈现出订阅与收入双下滑趋势。但数字出版、电子书等数字产品为传统报纸、杂志、图书行业提供了新的发展动能,成为未来带动行业发展的新增长点。在线平台成为传统平面媒体转型升级的新领域。全球电视行业处于平稳发展期,广告收入和收视费依然是电视行业重要的收入来源。从

---

① 邵培仁.媒介生态学:媒介作为绿色生态的研究[M].北京:中国传媒大学出版社,2008:46-48.
② 高伟,姜飞.全球传播生态发展报告(2018)[M].北京:社会科学文献出版社,2018:492.
③ 崔保国,杭敏,周逵.中国传媒产业发展报告(2018)[M].北京:社会科学文献出版社,2018:331.
④ 崔保国,杭敏,周逵.中国传媒产业发展报告(2018)[M].北京:社会科学文献出版社,2018:328,329.

总体收入来看,虽然电视行业呈现平稳发展态势,但随着智能终端的发展和普及,传统电视用户开始提出互动、娱乐、更多影视资源的需求,传统电视必然面临更多的挑战。2015年英国电视收视率下降5%,但人们观看视频比以往更多,只是接收终端转移到了更多元、更灵活的移动端。调查显示,在美国和英国,有超过一半的家庭选择使用互联网视频服务,这一比例在西班牙为29%、德国为24%,①英国有66%的人通过BBC iPlayer、Netflix等网络视频平台收看视听内容,不少用户退订有线电视,一些年轻人甚至从未订购过有线电视。②广播媒体依托车载、智能音箱、播客、在线音频等新形态产品,在数字化大潮中逐步找到自身新的定位和发展方向,是传统媒体中发展态势较好的媒介形态。在美国,广播使用人数占总人口的54%,是第三大媒体,在欧洲也有47%的人几乎每天都听广播,其中广播在德国是收入最高、影响力最大的媒体之一。③另有数据显示,传统媒体的公信力大幅下降,18—49岁受众对大众媒体持信任态度的比例从2001年的55%下降到2016年的26%;同期,50岁以上受众的该比例则从50%下降到38%。④另外,互联网应用的高触达率使其成为主流媒体推动新闻传播转型的试验与创新平台,尤其是互联网的社交应用。在美国,通过Facebook与当地电视台获取政治新闻的用户比例分别为49%、

---

① 高伟,姜飞.全球传播生态发展报告(2018)[M].北京:社会科学文献出版社,2018:15.
② 路透社.《2016年新闻、媒体、技术趋势》报告[EB/OL].(2016-01-29)[2019-07-29].http://www.sohu.com/a/57793666_117712.
③ 崔保国,杭敏,周逵.中国传媒产业发展报告(2018)[M].北京:社会科学文献出版社,2018:330,331.
④ 世界互联网大会背后蕴含的这些深意你懂吗[EB/OL].(2018-11-14)[2019-07-29].https://www.dahebao.cn/news/1276021?cid=1276021.

48%①。BBC开发的用于新闻分发的聊天应用程序Line,注册用户已经超过4亿。②

**二、用户信息消费方式变迁推动盈利方式多元化拓展**

我国传媒格局体现为传统媒体与新兴媒体两个方面。从传媒产业形态数据观察,在2011—2017年传统媒体方面,报纸种类、期刊出版量略有下滑,图书出版抓住数字出版以及新型销售和阅读平台,收入不降反升;电视剧、电影产量方面保持平稳,但电影院线和电影银幕数量出现大幅增长,院线由2011年的2800家增至2017年的9504家,银幕数由2011年的9286块增长至2017年的50776块;此外,有线电视用户数由2011年的1.1亿户增长至2017年的2.2亿户。在2011—2017年新兴媒体方面,以互联网发展状况为例,网民总数由5.1亿增长至7.7亿,手机上网人数由3.5亿增长至7.5亿。2018年互联网电视(OTT)用户达到4.2亿户,远超有线电视用户数。2018年网络视听付费用户规模达到3.47亿,同比增长23.93%③,付费用户规模不断增长,用户网络内容付费习惯逐渐形成。2018年网络视听节目服务收入223.94亿元,同比增长56.62%,其中用户付费收入同比增长66.71%,网络视听节目服务成为国内传媒行业新的增长点。④

在传统媒体与新兴媒体收入对比方面,2018年广播广告收入

---

① 高伟,姜飞.全球传播生态发展报告(2018)[M].北京:社会科学文献出版社,2018:18.
② 高伟,姜飞.全球传播生态发展报告(2018)[M].北京:社会科学文献出版社,2018:17.
③ 国家广播电视总局.2018年全国广播电视行业统计公报[EB/OL].(2019-04-23)[2019-07-30].http://www.nrta.gov.cn/art/2019/4/23/art_113_42604.html.
④ 崔保国,杭敏,周逵.中国传媒产业发展报告(2018)[M].北京:社会科学文献出版社,2018:27.

140.37亿元,同比下降9.76%;电视广告收入958.86亿元,同比下降0.98%;而网络媒体广告收入491.88亿元,同比增长60.37%。IPTV运营机构、OTT牌照方、网络视听节目服务机构相关业务及"两微一端"等新媒体收入467.76亿元,同比增长68.47%,尤其是互联网电视相关收入同比增长达到156.47%。① 从收入对比中可以看出我国传媒格局与盈利方向的调整与变化,以各项业务新的营收增长点为线索,能为我国传统主流媒体在转型升级中的管理与经营提供更多的思路与启示。

### 三、用户信息消费方式变迁催生内容与形式新样态

无论是传统媒体还是新兴互联网媒体,内容与渠道都是媒体间竞争的发力点。在美国,传统主流媒体积极利用新技术,开发新的应用平台或内容产品,不断探寻传播生态中新的增长点,产生了基于新技术的传统主流媒体与新兴媒体之间的交互探索。美国传统主流媒体《纽约时报》、CNN等都在VR内容生产方面做出了创新与尝试。在传输渠道方面,传统媒体也在积极探寻新的传播方式,如英国广播公司BBC3频道停止了电视端的播出,转为互联网传播,除自有平台外,还通过YouTube和社交媒体传播,相对地,节目内容也会制作成适合网络播出的短视频在互联网平台传播。与此同时,播客及其搜索聚合工具复苏了音频传播;以谷歌、Facebook为代表的互联网媒体也在新闻业务的生产、聚合、分发等环节进行了积极的探索。5G技术为高质

---

① 国家广播电视总局.2018年全国广播电视行业统计公报[EB/OL].(2019-04-23)[2019-07-30].http://www.nrta.gov.cn/art/2019/4/23/art_113_42604.html.

第九章 新型主流媒体的构建方略是什么

量、高速度信息传播打开通道,个性化新闻和视觉新闻将有更进一步的发展;智能音箱与智能语音机器人的迭代升级,为未来媒体样态提供了新的可能;超高清显示技术与VR、AR技术在新闻、影视、体育、艺术、游戏等领域的创新应用,将视觉体验提升到全新的层次。

在互联网平台,传统的"受众"转换为"产消者"(prosumer),普通大众可以通过社交媒体、短视频平台、在线电台等发声。尤其是在突发事件的信息传播方面,各种新闻聚合平台、社交平台提供了更加及时迅速的信息传递渠道、更丰富多元的观察视角。以报刊、广播、电视为代表的传统主流媒体与以社交媒体为代表的新媒体平台之间的观点和信息博弈经常出现,甚至在许多突发事件报道中,代表官方发声的主流媒体处于观望和被动应对的尴尬境地,传统主流媒体长期积累的传播信用面临新技术和新媒体的挑战。但互联网平台的内容生产与传播鱼龙混杂,真真假假,虽大幅提升了信息发布速度和用户参与深度,但无法保证信源质量和信息的可靠性,不实言论,甚至是谣言在其中不断滋生与蔓延,缺少规则以及算法的流行是导致劣质消息、假新闻快速传播的原因,而40%的人认为在这方面传统的新闻媒体做得更好。① 这对传统主流媒体提出了挑战的同时,也提供了全新的发展空间和机遇。一方面,传统主流媒体应该认识到,基于互联网和移动互联网的网络媒体/应用平台正在重构新的传播生态;另一方面,主流媒体需要顺应传播生态的调整和新的传播规律,充分利用新技术的优势和新平台的影响力,凭借长期积累的内容、用户、专业化产制流程等

---

① 路透社.2017年网络数字新闻报告[EB/OL].(2017-07-05)[2019-07-29].http://www.199it.com/archives/607147.html.

优势,顺势而为,守住主流媒体的传统优势,搭载新型技术与平台,通过内容和传播方式的创新,构建自身品牌在新传播生态中的新角色定位与影响力,巩固已有的传播信用,在"本土化"与"国际化"的传播创新方面发力。

## 第三节 创新舆论引导的方式、方法与手段

习近平总书记在2018年全国宣传思想工作会议上提出:"必须科学认识网络传播规律,提高用网治网水平,使互联网这个最大变量变成事业发展的最大增量。"推动传统媒体与新兴媒体的融合、探索与打造新型主流媒体的发展目标已经纳入国家的顶层设计。在全球传媒生态重构和国内传媒格局加快演进的形势下,以报纸、杂志、广播、电视为依托的传统主流媒体开启了转型升级之路。国内主流媒体一方面加强自有平台传播能力建设,另一方面陆续开展"两微一端"建设、"中央厨房"建设、VR内容生产、4K高清播出、融媒体中心建设、智慧媒体转型等实践,加快传统媒体与新兴媒体的融合步伐,实现再造新型主流媒体的发展目标。目前国内主流媒体主要通过以下方式开展舆论引导方式、方法和手段的创新。

### 一、升级和强化原有平台传播力建设

中央广播电视总台聚合了原有中央电视台、中央人民广播电台、中国国际广播电台的全媒体优势资源,信息承载与传播平台多达数十种,无论在国内还是国际上的影响都非常广泛。先进的信息科技助推

## 第九章 新型主流媒体的构建方略是什么

传统主流媒体转型升级,主流媒体也借助科技力量主动迎接时代环境和传播生态的变迁所提出的新挑战。习近平总书记在十九届中央政治局第十二次集体学习时强调:"移动互联网已经成为信息传播的主要渠道。要坚持移动优先策略,建设好自己的移动传播平台,管好用好商业化、社会化的互联网平台,让主流媒体借助移动传播,牢牢占据舆论引导、思想引领、文化传承、服务人民的传播制高点。"①

提升原有平台传播力是首要工作。在融媒体发展环境中,最重要的是踏实做好主业,无论是内容产品还是生产团队,长久积累的内容品牌优势、产制与传播经验优势都将构成新型媒体平台的根基,也是推进媒体融合发展、打造新型主流媒体的内容原动力,但对于传统平台的运营,需要在统筹的基础上,构建全新的管理、制作、运营体系,突出不同平台间的优势互补、产制协作以及特色区隔,加快传统平台的优化与升级。

### 二、打造舆论引导新方式

第一,自建平台。自建平台主要包括自建网站、客户端等。在移动互联网和移动通信技术高速发展的背景下,传统主流媒体自建网站的热潮已过,资金、技术实力较强的主流媒体开始着力打造自己的客户端产品。一是新闻客户端,2016年年底,传统主流媒体新闻客户端数量已经接近300个,其中以央视新闻客户端、人民日报客户端、新华社客户端为代表,同时澎湃新闻的出现为新闻客户端的发展提供了全新的运营思路,2018年年底澎湃新闻下载量达到

---

① 习近平.加快推动媒体融合发展 构建全媒体传播格局[J].中国报业,2019(7):5-7.

1.46亿,移动端日活用户超过1000万[①];二是影音视频客户端,如央视影音、芒果TV等。从整体效果看,传统主流媒体的转型升级取得了一定程度的进展,在"两微一端"、视听新媒体、融合产制与传播流程等建设方面成效显著。未来,在习近平总书记提出的人工智能、大数据应用方面,以及国家广电总局提出的智慧媒体建设方面,传统主流媒体还将面临更多的挑战。传统媒体遵循"价值、认同、忠诚"逻辑,而互联网遵循"技术、数据、用户"逻辑,在这方面,传统媒体与新兴媒体还有进一步融合的空间。另外,传统主流媒体在体制机制方面的创新与突破,也将成为打造新型主流媒体、创新舆论引导方式的关键影响因素。

第二,借力极具影响力的第三方平台,如微博、微信、今日头条、抖音等,开展内容生产与传播。实践证明了第三方平台汇聚的强大流量和广泛的社会影响力,同时也印证了传统主流媒体在内容策划、生产与制作方面的强大优势,以人民日报社、新华社、中央广播电视总台为代表的国家级媒体、各地方的主流媒体在第三方平台上纷纷推出符合互联网传播规律,极具网感、话题感,同时又饱含时代精神、极具价值引导力和文化引导力的内容精品,其中不乏点击量超过百万、千万甚至过亿的爆款内容。在"两微一端"的表现方面,许多主流媒体也形成了具有强大影响力和庞大订阅用户数的新媒体矩阵。

---

① 澎湃新闻5周年成绩单:下载量超过150000000[EB/OL].(2019-07-22)[2019-07-29]. http://www.sohu.com/a/328460427_99970452.

## 第四节　强化国家平台的影响力

### 一、新兴舆论场的形成

在互联网发展方兴未艾时,媒体与媒体产品呈现稀缺状态,国内媒体竞争并非十分激烈,传统广播电视在意识形态传播与议程设置中占有举足轻重的地位。而进入互联网信息时代后,传统受众逐渐远离报刊、广播和电视,在网络传播中形成新的舆论集合,当前以百度、腾讯、阿里巴巴为代表的互联网旗舰企业成为中国最主要的赋能集团,整个社会形成了传统和新兴两个舆论场,新媒体的舆论权重不断加大,许多媒体议程不再由传统大众媒体设置,而是由个体(大 V)来设定。新兴媒体对舆论场的冲击以及对传统主流媒体固有权威性和影响力的消解,使传统媒体亟须跳脱"媒体稀缺"时代的发展路径,主动拥抱新媒体,开展融合传播,做好新时期意识形态与核心价值的宣传以及主流舆论引导与社会控制。①

虽然广告经营乏力、融合探索步伐艰难,技术、人才、资金等关键要素在转型升级中不时显得捉襟见肘,但在主旋律、正能量、高品质的视听产品的策划、创作方面,以广播电视为代表的传统媒体无论是内容的产制能力、专业化程度,还是传播方面的引导力、公信力以及影响力,依然占据信息传播的核心地位。2019 年,中国广视索福瑞(CSM)

---

① 张守信.传播行为的转向与功能补偿:对市县域广电融媒体传播实践的案例研究与价值思考[J].视听界,2019(4):33-43.

发布的一项数据调查显示:用户并非完全抛弃了传统广电媒体,而是在实际的使用体验中,形成了差别化的媒体功能印象,在功能性的对比中,以广电机构为代表的传统媒体依然占据优势。调查显示,短视频用户中有71.5%的用户使用电视媒体,用户普遍认为短视频更倾向于娱乐性、陪伴性、社交分享性,而传统电视的优势则在于权威性、健康性、专业性、知识性,以及制作精良。[①] 新华社在以短视频为突破口的主流媒体融合创新的转型实践中,瞄准了社会主义核心价值观、党的主张、人民心声、传统文化、新时代中国故事的创新表达,实现了传统媒体在叙事模式、题材范围、作品形态等方面的新突破,创作出《在一起》《我奋斗》《更懂你》《国家相册》《跃然纸上看报告》等爆款内容产品。

## 二、新兴舆论场中国家平台的形成与影响力打造

自有平台的运营也摆脱了过去旧有的"平移"思路,转为更加细化、定制化方向。从微博、微信、央视新闻客户端,再到央视移动新闻网,总台不断加强移动端自有平台的建设能力,并在原有的原创发布基础上,利用技术手段增强了新闻聚合能力,极大地拓展了信息容量和信息多样性,平台、流量、用户、爆款等互联网思维逐渐在探索中形成。但在新兴平台打造的过程中,要注意平台内部栏目、分平台的细分和特色定位,如澎湃新闻的湃客、上直播、七环视频、温度计、一级现场、world湃、AI播报、问吧、澎友圈等。此外,结合当前信息传播技术

---

[①] CSM. 短视频用户价值研究报告 2018—2019[EB/OL].(2019-02)[2019-07-30].http://www.199it.com/archives/837824.html.

第九章　新型主流媒体的构建方略是什么

的发展趋势,主流媒体守正创新,开启多项融媒体传播实验,为自有平台的建设提供理论与实践支撑。如总台通过5G新媒体实验平台,探索5G+4K超高清实时传输、4K集成制作、5G环境下的移动内容制作、VR制作、新一代智能终端传输等新技术应用,整体产制、传播以及收视环境基本成形。2019年5月,总台"5G+4K+AI"媒体应用实验室落户上海国际传媒港,开启了"5G+4K+AI"总体战略的平台建造与现实应用实践。

2018年中央电视台建台60周年之际,习近平总书记在贺信中对中央广播电视总台提出"统筹广播与电视、内宣与外宣、传统媒体与新兴媒体,加强国际传播能力建设,锐意改革创新,壮大主流舆论,努力打造具有强大引领力、传播力、影响力的国际一流新型主流媒体"①的要求和希望。总台也在具体实践中,确定了融合创新,聚力打造精品力作;聚焦新技术,引领高质量发展;区域合作优势互补,提升总台传播力、引导力、影响力和公信力的发展思路。② 在坚持牢牢把握政治方向、舆论导向、价值取向的基础上,总台加快内容供给侧结构性改革、全媒体产品创新的步伐,加速融合发展和全面转型升级,全力实现国家对于主流媒体提升舆论引导能力、做大做强主流舆论的传统媒体转型与融合要求,不断提升国家平台在主流媒体宣传、舆论引导方面的影响力。

---

① 习近平致中央电视台建台暨新中国电视事业诞生60周年的贺信[EB/OL].(2018-09-26)[2019-07-30].http://www.xinhuanet.com/politics/leaders/2018-09/26/c_1123485152.htm.
② 中央广播电视总台10月1日将全面改版[EB/OL].(2019-07-21)[2019-07-26].http://www.sohu.com/a/328393167_351788.

193